SEWING HARUE 16

여우꼬리가 들려주는 행복한

자수 소품 이야기

HANDIS

작가 소개

김은주
현)심플소잉 포항 북부점 운영
현)한국머신소잉협회 이사

처음 시작은 엄마 손에 이끌려 패션디자인학원에 가게 된 것이 소잉의 시작이었습니다.

여자는 나이가 들어서도 할 수 있는 기술이 있어야 자신감 있게 살 수 있다고 재봉틀을 한번 배워보라고 하시더라구요. 주변 친구들은 이해를 하지 못하고 말렸지만 그렇게 말리는 걸 뒤로하고 시작한지 벌써 17년이 지났네요. 그때 시작하지 않았더라면 지금의 저는 없었겠죠.

매장을 운영하다 보면 연세가 있으신 분들께서 "내가 어릴 때 엄마가 재봉틀 배우는 걸 말려서 못했었지……. 그때 시작했다면 지금쯤 더 잘할 수 있었을까?" 하면서 아쉬워하시는 모습들을 자주 볼 수 있습니다. 예전에는 삯바느질을 생각하시고 어르신들이 귀한 딸이 재봉틀 배우면 고생한다며 배우는 것을 반대하곤 했습니다. 세월이 지나 소잉이 생업에서 즐기는 문화로 바뀌며 저처럼 소잉작가 같은 직업이 생겨나고 이제는 늦었다고 걱정만 하시던 분들이 제2의 인생을 위해 재봉틀을 시작하면서 공방 오픈까지 하는 일들이 많아졌죠.

오랫동안 수업을 해오다 보니 저에게 실 끼우는 방법부터 배우기 시작해서 각자의 길을 찾아가는 모습을 볼 때마다 힘이 납니다. 취미로 시작해서 직업이 된다는 건 참 행복한 일이고, 평생을 할 수 있는 취미가 있다는 그 자체로도 행복할 것입니다. 저 또한 나이가 들어서도 또래 친구들과 계속 수업하며 작품을 만들어가는 꿈을 꾸어 봅니다.

자수를 먼저 시작해도, 재봉틀을 먼저 시작해도 결국은 하나로 만날 수밖에 없었습니다. 무지원단 위에 자수를 놓아 액자만 만들 수는 없으니 소잉 작품을 만들어 그 위에 자수를 놓았더니 자수의 아름다움을 한층 돋보이게 만드는 자수 작품이 완성되었습니다.

예쁜 원단만으로 작품을 만들어도 좋지만, 캔버스에 물감으로 그림을 그리듯 무지원단 위에 알록달록한 색실을 수놓아 소품을 만들다 보면 만족감이 배로 늘어나고, 삐뚤빼뚤 손맛이 느껴지는 작품으로 더욱 애정이 갑니다. 자수만 생각했을 때는 자수만으로 꽉 차게 작품을 표현해야 했다면, 자수가 소품을 만났을 때는 자수가 소품의 멋을 살릴 수 있을 정도의 여백의 미가 제일 중요한 거 같아요. 특히, 퓨어 린넨을 좋아하는 저는 소재의 느낌과 멋을 살릴 수 있도록 원단 위에 이니셜 하나 또는 꽃 한 송이 정도가 적당하다고 느꼈습니다. 그 느낌을 찾느라 수를 놓는 것보다 놓았던 수를 곱게 뜯느라 더 고생했던 기억이 납니다.

자수를 놓으면서 느꼈던 말로는 표현 못 할 행복한 이 감정을 많은 사람들과 함께 나누고 싶다고 생각하여 이 책을 쓰게 되었습니다. 여러분들도 저의 책을 시작으로 소잉에 첫발을 내딛고 행복한 인생을 시작하는데 조금이나마 도움이 되셨으면 합니다.

내 손으로 만든 작품에 하나하나 각자의 개성을 담아 완성해보세요.
한 땀 한 땀 사랑을 담아 행복한 인생에 한 걸음씩 다가가길 바랍니다.

끝으로 취미를 직업으로 가질 수 있도록 제게 용기를 주고 늘 옆에서 응원해준 가족들과 출판에 도움을 주신 모든 분들께 감사드립니다.

Prologue

필요한 소품을 만들고,
포인트가 되어줄
자수를 수놓습니다.

어떤 색실이 어울릴까?
무슨 자수를 놓을까?
상상만으로도 설레입니다.

그런 마음을 가득 담아
행복으로 한땀 한땀 채워갑니다.

Contents

저자 소개 p.002

Prologue p.004

Contents p.006

Index p.008

Theme 1 소잉룸 ... p.010

Theme 2 키친 p.022

Theme 3 리빙 p.036

Theme 4 외출 p.052

Epilogue p.066

손자수에 쓰이는 재료들 p.068

자수 시작하기 p.070

기본 자수 스티치 p.072

미싱 자수에 쓰이는 재료들 .. p.074

미싱 자수 시작하기 p.076

미싱 자수 활용하기 p.078

Sewing Tip p.080

How to make ... p.092

Index

아이템의 사진과 아이템의 화보가 실린 페이지, 일러스트 제작 설명서의
페이지 그리고 아이템의 패턴과 자수도안이 있는 면수를 게재하고 있습니다.
이 페이지에서 작품을 한눈에 보고 제작 설명서와 패턴을 쉽게 찾아보세요.

Theme 1 소잉룸

01. 핀쿠션
p.012 / p.094
pattern A
자수도안 A

02. 가위집
p.012 / p.095
pattern A
자수도안 A

03. 자수 라벨
p.014 / p.096
pattern C
자수도안 C

04. 바늘집
p.014 / p.097
직접 제도하여 사용합니다
자수도안 D

05. 프레임 파우치
p.016 / p.098
pattern C
자수도안 C

06. 스트링 파우치
p.018 / p.099
pattern C
자수도안 C

07. 지퍼 파우치
p.020 / p.100
pattern C
자수도안 C

Theme 2 키친

08. 티매트 5종
p.024 / p.102
직접 제도하여 사용합니다
자수도안 D

09. 커피필터 케이스 2종
p.026 / p.103
pattern C
자수도안 C

10. 린넨 키친타월 3종
p.028 / p.104
직접 제도하여 사용합니다
자수도안 D

11. 티팟워머
p.030 / p.105
pattern C
자수도안 C

12. 키친 에이프런
p.032 / p.106
pattern B
자수도안 B

13. 바란스
p.034 / p.108
직접 제도하여 사용합니다
자수도안 D

Theme 3 리빙

14. 미니쿠션 3종
p.038 / p.109
직접 제도하여 사용합니다
자수도안 D

15. 옷걸이 커버
p.040 / p.110
pattern C
자수도안 C

16. 벽걸이형 티슈케이스
p.042 / p.111
pattern A
자수도안 A

17. 러플 쿠션커버
p.044 / p.112
직접 제도하여 사용합니다
자수도안 D

18. 무릎담요
p.046 / p.114
pattern A
자수도안 A

19. 화이트 파우치 2종
p.048 / p.115
pattern A
자수도안 D

20. 원피스형 에이프런
p.050 / p.116
pattern A
자수도안 A

Theme 4 외출

21. 에코백
p.054 / p.118
pattern B
자수도안 B

22. 사각파우치 2종
p.056 / p.120
pattern A
자수도안 A

23. 패치워크 쇼퍼백
p.058 / p.122
pattern B
자수도안 D

24. 링핸들 호보백
p.060 / p.125
pattern B
자수도안 B

25. 아플리케 볼링백
p.062 / p.126
pattern B
자수도안 B

26. 숄가디건
p.064 / p.129
직접 제도하여 사용합니다
자수도안 D

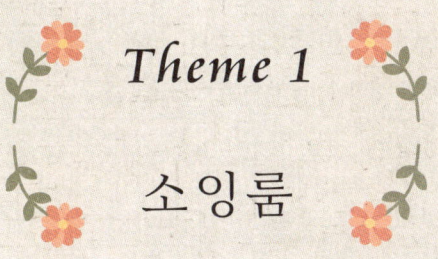

Theme 1
소잉룸

새로운 나만의 인생을 시작하는 곳. 애정 듬뿍 담긴 작품이 가득한 소잉룸입니다. 나의 손길이 묻어난 소잉 소품들은 취미생활을 더욱 즐겁게 만들어 줍니다.

*추천 원단:30-858 스토프]린넨]트왈린]린넨무지_토프 그레이

*추천 원단:08-377코스모]린넨]소프트내추럴]무지_키나리
06-296고이즈미]코튼린넨]내추럴파인스트라이프_키나리

no.01 핀쿠션 / no.02 가위집

뾰족한 시침핀과 쪽가위를 안전하게 보관해 줄 핀쿠션과 가위집입니다. 린넨원단과 나뭇가지 자수가 잘 어우러진 멋스러운 핀쿠션과 가위집이 함께라면 소잉 시간이 더욱 즐거워집니다.

만드는 방법 : 094p/095p
자수 스티치 : ②,⑧/②,⑧
실물크기 패턴/자수도안 : A면[01]
　　　　　　　　　　　　A면[02]

*추천 원단:30-914 기요하라]린넨]코코치패브릭]스텐다드무지_내추럴

*추천 원단:08-377 코스모]린넨]소프트내추럴_무지_키나리

no.03 자수 라벨/ *no.04* 바늘집

꽃 자수가 놓인 자수 라벨입니다. 선물에 장식으로 달아주거나 책갈피로 사용해보세요.
단추가 달린 수첩 모양의 바늘집입니다. 가방 속에 넣어 휴대하기 좋은 크기로 만들었습니다.

만드는 방법 : 096p/097p
자수 스티치 : ①,②,⑥,⑯/①,②,④,⑧
실물크기 패턴/자수도안 : C면[03]
　　　　　　직접 제도하여 사용합니다/D면[04]

*추천 원단:30-089 스토프]린넨]브로더]자수무지]1/8EA_차콜

no.05 프레임 파우치

태슬장식이 달린 프레임 파우치입니다. 독특한 디자인의 파우치에 꽃 자수를 수놓아 더욱 특별한 느낌입니다. 간단한 소지품을 넣거나 인테리어 소품으로 사용해보세요.

만드는 방법 : 098P
자수 스티치 : ⑯
실물크기 패턴/자수도안 : C면[05]

*추천 원단:08-377 코스모]린넨]소프트내추럴]무지_키나리
[배색감] 02-302 코스모]코튼린넨]올드 로즈_베이지

no.06 스트링 파우치

입구 부분에 끈을 달아 열고 닫기 간편한 스트링 파우치입니다. 배색원단의 플라워 패턴과 꽃 자수가 어우러져 파우치가 한층 돋보입니다. 여행을 떠날 때 간단한 소지품이나 화장품을 담아 사용해보세요.

만드는 방법 : 099P
자수 스티치 : ①,②,⑧,⑨,⑭
실물크기 패턴/자수도안 : C면[06]

*추천 원단:08-377 코스모]린넨]소프트내추럴]무지_키나리
[아플리케 원단] 자투리 원단을 사용합니다

no.07 지퍼 파우치

앞뒷면의 자수 디자인이 달라 활용하기 좋은 지퍼 파우치입니다. 바닥의 모서리를 둥글게 디자인하여 귀여운 느낌입니다. 고리에 원하는 장식을 달아 각자의 개성을 살려보세요.

만드는 방법 : 100P~101P
자수 스티치 : ①
실물크기 패턴/자수도안 : C면[07]

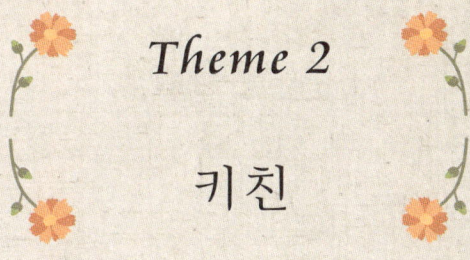

Theme 2
키친

주부들이 가장 많은 시간을 보내는 주방입니다. 애정이 듬뿍 담긴 아이템을 곳곳에 배치했습니다. 작지만 분위기 있는 카페처럼 꾸며 언제든지 머무르고 싶은 공간입니다.

*추천 원단:30-862 스토프]린넨]트왈린]린넨무지_내추럴
[아플리케 원단] 자투리 원단을 사용합니다

no.08 티매트 5종

달콤한 자수가 놓인 티매트입니다. 소중한 사람들과의 티타임에 다양한 자수가 놓인 티매트와 함께 해보세요. 내추럴한 컬러의 린넨원단이 편안한 분위기를 연출합니다.

만드는 방법 : 102P
자수 스티치 : ①
실물크기 패턴/자수도안 : 직접 제도하여 사용합니다/D면[08]

*추천 원단:30-862 스토프]린넨]트윌리]린넨무지_내추럴
[디자인1 배색감] 34-178 코하스아이디]코튼]라플레르]레이크디스트릭_블루
[디자인2 배색감] 02-302 코스모]코튼린넨]올드 로즈_베이지
[아플리케 원단] 자투리 원단을 사용합니다

no.09 커피필터 케이스 2종

커피 종이필터를 보관해줄 커피필터 케이스입니다. 입구 부분에 끈고리를 달아 열고 닫기 간편하게 만들었습니다. 다양한 원단과 아플리케로 포인트를 주면 주방의 분위기가 한층 살아납니다.

만드는 방법 : 103P
자수 스티치 : ①,⑦
실물크기 패턴/자수도안 : C면[09]

*추천 원단:03-364 french]린넨]Pure Nice]깅검체크 21mm_내추럴X멜란지

no.10 린넨 키친타월 3종

주방에서 자주 사용하는 키친타올입니다. 벽에 걸어 편하게 사용할 수 있도록 끈고리를 달아 제작했습니다. 다양한 원단으로 여러개 만들어두면 번갈아가며 사용하기 좋습니다.

만드는 방법 : 104P
자수 스티치 : ⑯
실물크기 패턴/자수도안 : 직접 제도하여 사용합니다/D면[10]

*추천 원단:30-862 스토프]린넨]트왈리]린넨무지_내추럴
[아플리케 원단] 자투리 원단을 사용합니다

no.11 티팟워머

주전자에 든 내용물을 따뜻하게 지켜줄 티팟워머입니다. 두꺼운 솜심지를 사용하여 보온 기능은 물론, 안전하게 사용할 수 있습니다. 아플리케를 하고 원하는 장식을 달면 심플한 디자인에 포인트가 됩니다.

만드는 방법 : 105P
자수 스티치 : ①
실물크기 패턴/자수도안 : C면[11]

*추천 원단:30-089 스토프]린넨]브로더]자수무지]1/8EA_차콜

no.12 키친 에이프런

앞주머니를 달아 더욱 실용적인 키친 에이프런입니다. 편안하게 입을 수 있도록 앞트임을 주고 프리 사이즈로 만들었습니다. 자신의 이니셜을 수놓아 나만의 에이프런을 만들어보세요.

만드는 방법 : 106P~107P
자수 스티치 : ①,②,⑧,⑬
실물크기 패턴/자수도안 : B면[12]

*추천 원단:08-376 코스모]린넨]소프트내추럴]무지_화이트
[아플리케 원단] 자투리 원단을 사용합니다

no.13 바란스

눈부신 햇빛을 막아줄 바란스입니다. 화이트 컬러의 원단을 사용하여 깨끗한 느낌으로, 바텐 레이스와 디저트 모양의 아플리케가 사랑스럽고 로맨틱한 분위기를 더해줍니다.

만드는 방법 : 108P
자수 스티치 : ①
실물크기 패턴/자수도안 : 직접 제도하여 사용합니다/D면[13]

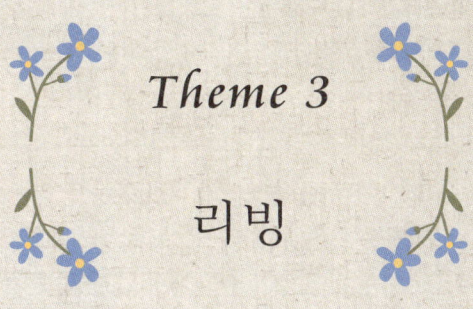

Theme 3
리빙

실용적이고 인테리어 감각까지 생각한 거실 아이템을 소개합니다. 작품에 수 놓은 자수가 거실을 한층 분위기 있게 만들어줍니다. 아이템들을 곳곳에 매치하여 빛나는 휴식 공간을 만들어 보세요.

*추천 원단:30-914 기요하라]린넨]코코치패브릭]스텐다드무지_내추럴

no.14 미니쿠션 3종

라벤더를 수 놓은 미니쿠션입니다. 방 안의 테이블이나 협탁 위에 장식해보세요. 포푸리를 넣어주면 방향제로도 활용할 수 있습니다.

만드는 방법 : 109P
자수 스티치 : ⑧,⑩,⑮ / ②,④,⑧ / ①,②,⑧
실물크기 패턴/자수도안 : 직접 제도하여 사용합니다/D면[14]

*추천 원단:08-376 코스모]린넨]소프트내추럴]무지_화이트

no.15 옷걸이 커버

옷 위에 씌워 먼지가 쌓이지 않도록 보호해주는 옷걸이 커버입니다. 밑단에 레이스를 달아 로맨틱한 느낌으로 연출했습니다.

만드는 방법 : 110P
자수 스티치 : ②,⑥,⑫,⑭
실물크기 패턴/자수도안 : C면[15]

*추천 원단:30-090 스토프]린넨]브로더]자수무지]1/8EA_그레이
[배색감1] 06-296 고이즈미]코튼린넨]내추럴파인스트라이프_키나리
[배색감2] 03-364 french]린넨]Pure Nice]킹검체크 21mm_내추럴X멜란지

no.16 벽걸이형 티슈케이스

흔한 티슈 상자를 훌륭한 인테리어 소품으로 변신 시켜줄 벽걸이형 티슈케이스입니다. 테이블 위에 놓거나 벽에 걸어둘 수 있는 두가지 방법으로 사용할 수 있도록 만들었습니다.

만드는 방법 : 111P
자수 스티치 : ①,⑦,⑧,⑨,⑭,⑮
실물크기 패턴/자수도안 : A면[16]

*추천 원단:08-377 코스모]린넨]소프트내추럴]무지_키나리

no.17 러플 쿠션커버

러플을 달아 로맨틱한 느낌을 극대화시킨 쿠션커버입니다. 러플과 어울리는 자수를 놓으면 멋진 인테리어 소품이 됩니다.

만드는 방법 : 112~113P
자수 스티치 : ②,⑨
실물크기 패턴/자수도안 : 직접 제도하여 사용합니다/D면[17]

*추천 원단:08-376 코스모]린넨]소프트내추럴]무지_화이트
[패치감] 자투리 원단을 사용합니다

no.18 무릎담요

알록달록한 배색원단과 자수가 돋보이는 무릎담요입니다. 벽에 걸어 인테리어 소품으로 사용해도 좋습니다. 원단을 매치하는 것에 따라 다른 느낌의 작품이 완성됩니다.

만드는 방법 : 114P
자수 스티치 : ①,③,④,⑤,⑦,⑪
실물크기 패턴/자수도안 : A면[18]

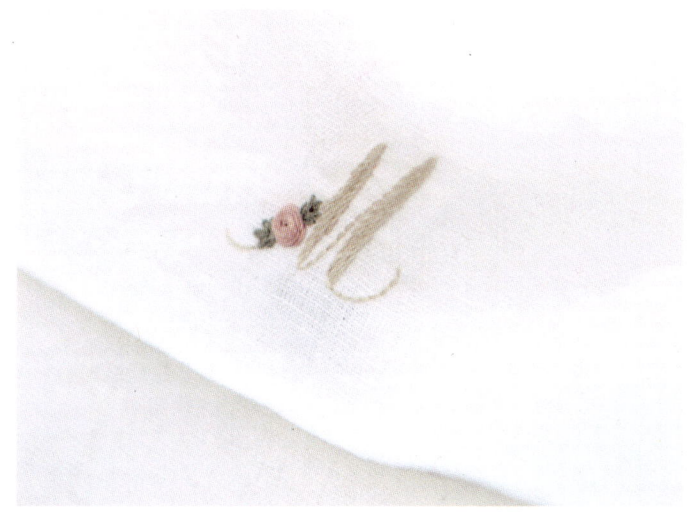

*추천 원단:30-092 스토프]린넨]브로더]자수무지]1/8EA_화이트

no.19 화이트 파우치 2종

깔끔한 느낌의 화이트 컬러 파우치입니다. 이니셜과 꽃을 수놓아 여성스럽고 로맨틱한 느낌입니다. 백인 백으로도 활용해보세요.

만드는 방법 : 115P
자수 스티치 : ①,②,⑧,⑬
실물크기 패턴/자수도안 : A면[19]/D면[19]

*추천 원단:30-091 스토프]린넨]브로더]자수무지]1/8EA_아이보리

no.20 원피스형 에이프런

루즈한 실루엣의 원피스형 에이프런입니다. 옆선에 주름을 잡아 여성스러움이 돋보이는 디자인입니다. 큰 포켓을 달아 실용성을 높이고 단추를 달아 입고 벗기 편하게 만들었습니다.

만드는 방법 : 116P~117P
자수 스티치 : ⑯
실물크기 패턴/자수도안 : A면[20]

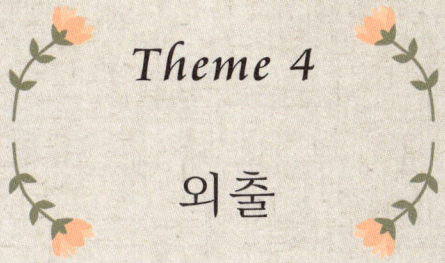

Theme 4
외출

외출할 때 함께 스타일링하기 좋은 아이템들을 소개합니다. 그날의 기분과 착용한 옷에 따라 어울리는 아이템들을 매치해보세요. 내추럴하면서도 멋스러운 포인트가 됩니다.

*추천 원단:08-377 코스모]린넨]소프트내추럴]무지_키나리

no.21 에코백

외출할 때 가볍게 들고 다니기 좋은 에코백입니다. 내부에 포켓을 달아 실용적인 디자인으로, 원하는 자수를 놓아 나만의 가방을 만들어 보세요.

만드는 방법 : 118P~119P
자수 스티치 : ①,②
실물크기 패턴/자수도안 : B면[21]

*추천 원단:31-818 코하스아이디]린넨]프렌치헤비무지]헤비_내추럴베이지

no.22 사각파우치 2종

헤비린넨원단과 브라운컬러의 가죽원단이 고급스러운 느낌을 주는 사각파우치입니다. 캐주얼한 옷차림에도 잘 어울리며 클러치백으로도 활용해보세요.

만드는 방법 : 120P~121P
자수 스티치 : ①
실물크기 패턴/자수도안 : A면[22]

*추천 원단:[앞판패치감1] 30-862 스토프]린넨]트왈린]린넨무지_내추럴
[앞판패치감2] 30-092 스토프]린넨]브로더]자수무지]1/8EA_화이트
[앞판패치감3] 08-377 코스모]린넨]소프트내추럴]무지_키나리
[앞판패치감4] 34-887 코하스아이디]코튼린넨]라플레르]엔젤로즈_베이지
[앞판패치감5] 38-777 코하스아이디]코튼린넨]케이팝도트2_브라운

*추천 원단:[뒤판매치감1] 02-302 코스모]코튼린넨]올드 로즈_베이지
[뒤판패치감2] 03-364 french]린넨]Pure Nice]깅검체크 21mm_내추럴X멜란지
[뒤판패치감3] 06-258 고이즈미]코튼린넨]내추럴핀스트라이프_브라운x키나리
[뒤판패치감4] 03-364 french]린넨]Pure Nice]깅검체크 21mm_내추럴X멜란지
[뒤판패치감5] 30-092 스토프]린넨]브로더]자수무지]1/8EA_화이트
[뒤판패치감6] 02-181 코하스아이디]코튼린넨]라플레르Vol.3]아이비깅검체크_베이지
[뒤판패치감7] 38-777 코하스아이디]코튼린넨]케이팝도트2_브라운
[바닥감] 30-870 스토프]린넨]트윌린]린넨무지_브라운 스톤

no.23 패치워크 쇼퍼백

다양한 원단을 매치한 패치워크 쇼퍼백입니다. 지그재그 상침 장식이 돋보이는 디자인으로 안감에 주머니를 달아 실용성을 더했습니다. 원하는 분위기의 자투리 원단을 매치하여 만들어 보세요.

만드는 방법 : 122P~124P
자수 스티치 : ①
실물크기 패턴/자수도안 : B면[23]/D면[23]

*추천 원단:30-862 스토프]린넨]트왈린]린넨무지_내추럴

no.24 링핸들 호보백

둥근 링핸들이 포인트인 호보백입니다. 곡선 디자인과 자연스럽게 진 주름이 여성스러운 분위기를 더해 줍니다. 색다른 기분을 내고 싶을 때 함께하면 좋을 아이템입니다.

만드는 방법 : 125P
자수 스티치 : ②,④,⑭
실물크기 패턴/자수도안 : B면[24]

*추천 원단:30-862 스토프]린넨]트왈린]린넨무지_내추럴
[아플리케 원단] 자투리 원단을 사용합니다

no.25 아플리케 볼링백

로맨틱한 꽃모양의 아플리케가 돋보이는 볼링백입니다. 가죽패치와 파이핑 장식이 견고한 느낌을 줍니다. 큰 사이즈로 만들었기 때문에 여행 가방으로 사용하기 좋습니다.

만드는 방법 : 126P~128P
자수 스티치 : ①
실물크기 패턴/자수도안 : B면[25]

*추천 원단:31-849 스토프]린넨]내추럴체크]VALTIN_내추럴

no.26 숄가디건

쌀쌀한 바람을 막아줄 숄가디건입니다. 아플리케와 자연스럽게 풀어 헤친 끝단이 더욱 멋스럽습니다. 어깨에 살짝 걸쳐주기만 해도 멋진 스타일링이 완성됩니다. 큰 사이즈로 만들어 담요로 사용해보세요.

만드는 방법 : 129P
자수 스티치 : ①
실물크기 패턴/자수도안 : 직접 제도하여 사용합니다/D면[26]

Epilogue

세상에 있는 모든 예쁜 것들만 모아
작품에 담고 싶은 마음으로
오늘도 정성스레 작품을 만듭니다.

설레는 마음으로
원단을 캔버스 삼아
행복을 한땀 한땀 그려가다 보면,

어느새 평범한 일상에
생기를 가득 불어 넣어줄
작품이 완성되었습니다.

손자수에 쓰이는 재료들

❶ 모코 자수실(5번사)/면자수실(25번사)

자수실은 실의 두께와 소재에 따라서 다양한 종류가 있으며, 실의 굵기를 나타내는 번수(番手)의 단위가 작아질수록 실이 굵어집니다. 주로 25번사와 5번사가 많이 사용되며, 25번 자수실은 6가닥의 가는 실을 꼬아 놓은 것으로, 필요한 가닥수만큼 뽑아서 사용합니다. 5번사는 25번사 6가닥을 합친 두께이며 한 가닥을 그대로 사용합니다.

❷ 사라 자수실(5번사)

부드러운 감촉, 실크 같은 고급스러운 광택감을 가진 5번사. 자수작업 외에도 인형의 눈, 코, 입을 수 놓을 때, 가방의 손잡이나 단추를 달 때, 태슬 제작용으로도 추천하는 실입니다.

❸ 모코 레인보우 자수실(5번사)

베리에이션 5번사는 실 한가닥에 여러가지 색이 그라데이션으로 염색된 무척 매력적인 실로 더욱 다양한 자수표현이 가능합니다.

❹ 자수용 바늘 & 십자수용 바늘

자수용 바늘은 끝이 뾰족하고, 실을 쉽게 꿸 수 있도록 바늘귀가 큰 것이 특징입니다. 작업하는 원단과 실의 두께, 자수기법에 따라 바늘을 선택해야 하며, 보통 25번사는 실의 가닥수에 따라 바늘을 선택하고, 5번사는 자수바늘 3호를 사용합니다. 크로스 스티치(십자수) 작업에는 바늘 끝이 뭉툭한 십자수용 바늘을 사용하면 편리합니다.

❺ 자수용 실끼우개

자수실 등 두꺼운 실을 쉽고 매끄럽게 끼울 수 있는 고급 자수용 실끼우개. 실이 바늘구멍을 통과할 때 저항이 적기 때문에 실의 손상을 최소화합니다.

❻ 골무

손바느질 작업시, 안전을 위해 손가락 끝에 끼워서 사용하면 장시간 바느질에도 편리하고, 작업의 효율도 높아집니다. 형태와 소재에 따라 다양한 종류의 골무가 있으며, 자신의 손가락에 꼭 맞는 사이즈를 선택해서 사용하는 것이 좋습니다.

❼ 수틀

천을 팽팽하게 고정시켜주기 때문에 더욱 깔끔하고 편리하게 자수를 놓을 수 있습니다. 소재와 크기별로 다양한 종류가 있으며, 수를 놓거나 원단을 끼워 액자로 사용하면 근사한 인테리어가 됩니다. 작업하고자 하는 자수 도안의 크기보다 조금 더 큰 사이즈의 수틀을 사용하는 것이 좋으며, 도안이 클 경우 수틀을 움직여가면서 수를 놓습니다.

❽ 트레이싱지

기름종이라고도 불리는 트레이싱지는 일반 문구점에서 쉽게 구할 수 있는 반투명 투사지로, 자수 서적에 있는 도안을 옮겨 그릴 때 사용하며, 도안 위에 올려놓고 도안을 따라 연필이나 펜으로 그려주면 됩니다. 부직포 패턴지로 작업해도 좋습니다.

❾ 초크 페이퍼

자수도안을 원단에 옮겨 그릴 때 사용합니다. 표시가 잘 되고, 자수를 놓은 후에는 세탁을 하면 깔끔하게 지워집니다. 초크 페이퍼의 앞면(초크가 도포된 부분)을 원단 겉면과 마주보도록 놓고, 그 위로 도안을 올려 철필을 누르면서 도안대로 따라 그리면 쉽게 복사됩니다. 도안 위에 셀로판 종이를 놓고 작업하면 도안이 찢어지는 것을 방지할 수 있습니다.

❿ 연필 & 철필(트레이서)

연필은 서적 등에 있는 자수 도안을 트레이싱지에 옮길 때 사용합니다. 철필은 트레이싱지에 옮겨 그린 도안을 초크 페이퍼 위에 올려 놓고 원단에 옮겨 그릴 때 누르면서 표시를 내는 역할을 합니다.

⓫ 수성펜

원단에 도안을 직접 그리거나 덧그릴 때 사용하기 좋은 수성펜입니다. 자수를 놓은 후에 물로 세탁하면 없어지는 수세형 타입과 시간이 지나면 잉크가 자연스럽게 사라지는 기화성 타입이 있습니다.

⓬ 염색펜

섬유전용 염색펜으로 빈공간을 채워주고 다리미로 고온에서 다린 뒤 그 위로 수를 놓으면 예쁜 색감이 더해져 더욱 멋진 작품이 완성됩니다.
그 외에도 참장식, 큐빅, 단추, 스탬프, 펠트지 등을 활용하면 더욱 재미있고 독특한 자수작품을 완성할 수 있습니다.

⓭ 실뜯개

자수를 수정해야 할 경우, 원단의 손상 없이 실을 쉽고 편리하게 뜯어 제거할 수 있습니다.

⓮ 가위

가위의 수명을 위해 원단용 가위와 종이용 가위를 구분해서 사용하는 것이 좋습니다. 또한, 자수실을 자를 때 끝이 날렵한 미니 가위를 별도로 사용하면 더욱 효율적으로 작업할 수 있습니다.

⓯ 시침핀 & 핀쿠션

시침핀은 자수도안을 옮겨 그릴 때 함께 고정시켜 도안과 원단이 움직이지 않도록 하거나 특정 스티치를 수 놓을 때 고정하여 사용합니다. 핀쿠션은 작업중 바늘과 시침핀을 임시 보관할 때 사용합니다. 다양한 색상의 실을 바늘에 미리 끼워놓고 핀쿠션에 꽂아서 사용하세요.

⓰ 소프트 매직캔버스

물에 녹는 격자무늬의 캔버스로 칸 수를 세기 어려운 원단에 스티치자수를 놓거나 십자수를 놓을 때 사용합니다. 자수의 사이즈보다 약간 큰 사이즈로 잘라 자수 놓을 부분에 놓고 가장자리를 시침질하거나 패브릭 워셔블 매직테이프를 이용해 임시고정한 후 캔버스 위에 자수를 놓고 따뜻한 물에 세탁하여 캔버스를 녹여줍니다.

자수 시작하기

1 손자수 도안 옮기는 방법

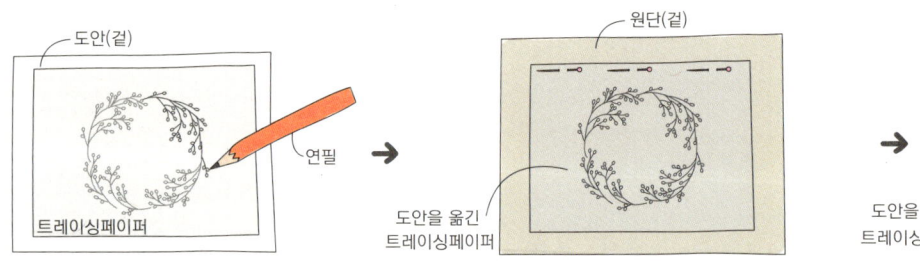
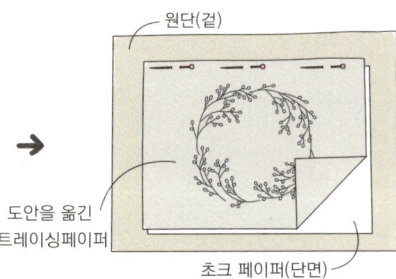

1. 도안 위에 트레이싱페이퍼를 올려 놓고 연필로 도안을 베껴 그린다.

2. 수틀 안에 들어갈 정도로 넉넉한 사이즈의 원단을 준비한 뒤, 도안을 옮긴 트레이싱페이퍼를 올려 놓고 시침핀으로 고정시킨다.

3. 원단과 도안을 옮긴 트레이싱페이퍼 사이에 초크 페이퍼를 끼운다.

※ 초크가 칠해져 있는 면을 원단의 겉면과 마주 보도록 놓는다.

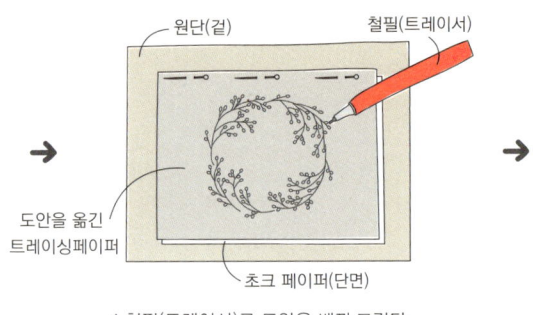
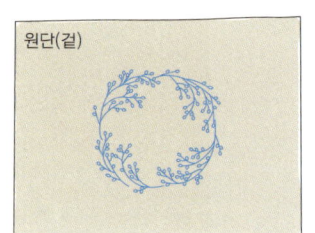

4. 철필(트레이서)로 도안을 베껴 그린다.

5. 완성!

2 수틀 사용하는 방법

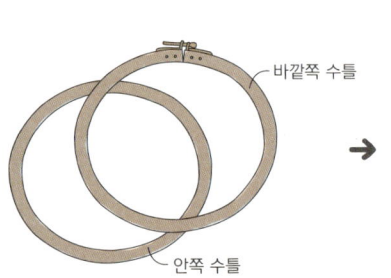
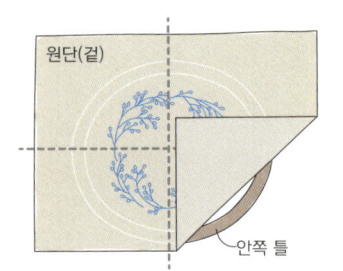
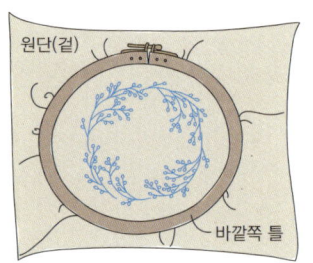

1. 두 개의 원형 수틀을 분리한다.

2. 도안을 옮긴 원단 밑에 안쪽 틀을 넣고 도안을 틀의 중심에 오도록 배치한다.

3. 도안을 옮긴 원단 위에 바깥쪽 틀을 올려 놓은 후, 양손으로 눌러 원단을 틀 사이에 끼운다.

※ 원단을 팽팽하게 당긴 후 나사를 조여 수틀을 고정한다.

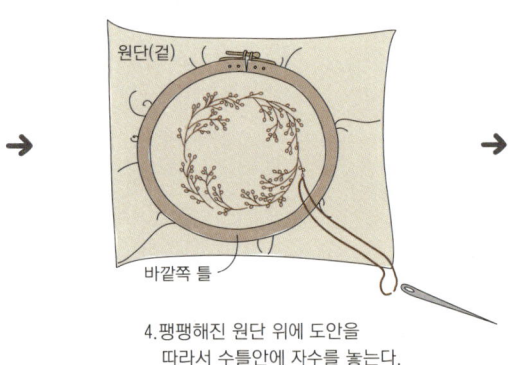

4. 팽팽해진 원단 위에 도안을 따라서 수틀안에 자수를 놓는다.

5. 자수가 놓인 원단에 완성선 기준으로 시접량을 더해 원단을 재단한다.

3 아플리케 도안 옮기는 방법

1. 작품을 만들어줄 원단과 아플리케 할 원단을 준비한다.
2. 아플리케 할 원단에 자수도안을 옮긴다. (P.70의 1.손자수 도안 옮기는 방법 참고)
3. 원단 위에 아플리케 할 원단을 올려놓고, 시침핀으로 고정시킨 뒤 아플리케 한다.

※ 미싱&손자수 아플리케 가능.
손자수로 할 경우에는 백스티치로 합니다.
(P.72 참고)

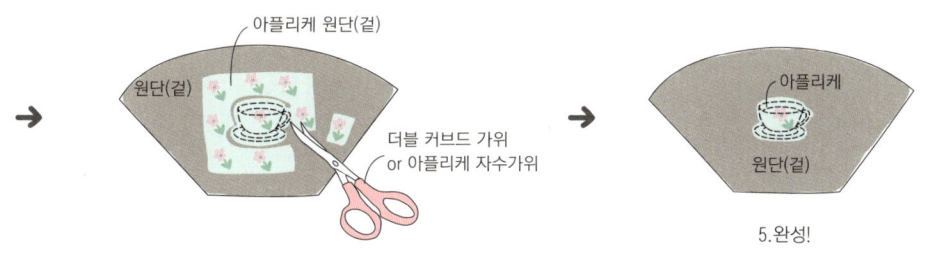

4. 아플리케 한 원단을 더블 커브드 가위&아플리케 자수 가위를 사용하여 자수도안 크기보다 약 0.3mm 정도 더 크게하여 원단을 잘라준다.
5. 완성!

4 십자수 도안 옮기는 방법

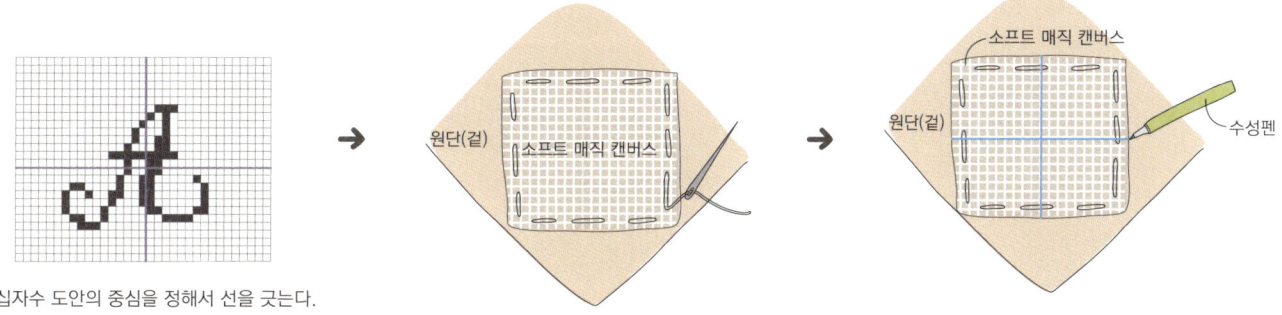

1. 십자수 도안의 중심을 정해서 선을 긋는다.
2. 원단의 십자수를 놓을 위치에 소프트 매직 캔버스 (또는 웨이스트 캔버스)를 올려 놓고, 시침질로 임시고정한다.
3. 소프트 매직 캔버스 위에 수성펜으로 기준선을 그린다.

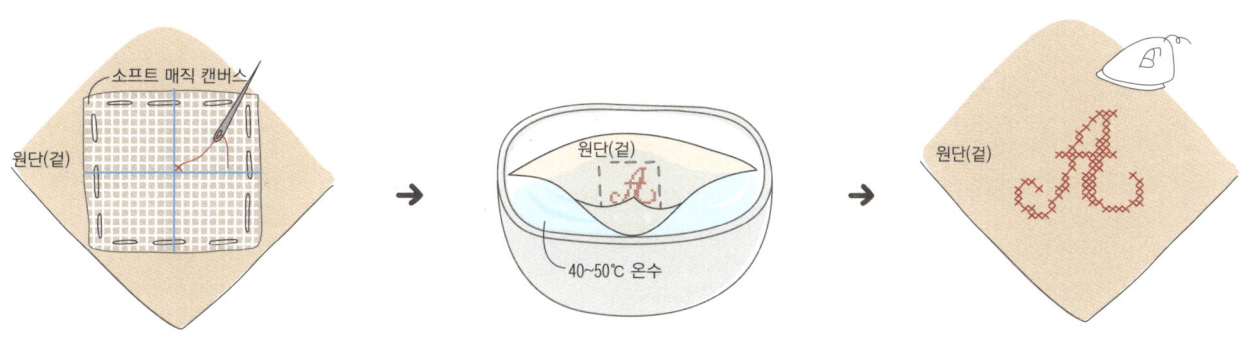

4. 십자수 도안을 보면서 도안의 칸과 소프트 매직 캔버스의 올을 세면서 중심부터 수를 놓는다.
5. 따뜻한물(약 40~50℃)에 소프트 매직 캔버스가 있는 부위를 담궈 녹여준다.
6. 시침실을 제거하고 말린 다음, 다림질하여 완성한다.

기본 자수 스티치

1 백 스티치

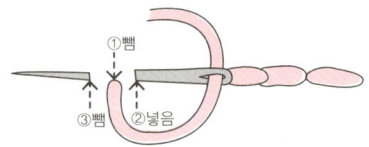

*선을 수 놓을 때 사용하는 스티치입니다.
 선명한 직선이나 곡선, 또는 윤곽선을 표현할 때 많이 사용합니다.

2 아웃트라인 스티치

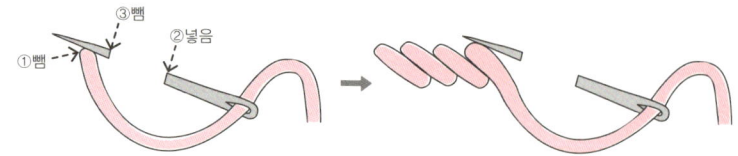

*볼륨감과 질감을 살리는 스티치입니다.
 줄기나 뿌리에 많이 사용합니다.

3 러닝 스티치

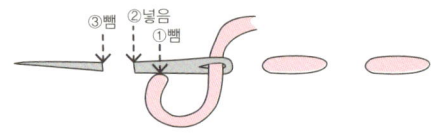

*홈질과 비슷한 스티치입니다.
 스티치를 넣고 싶은데 눈에 띄지 않게 스티치를 넣을 때 사용합니다.

4 스트레이트 스티치

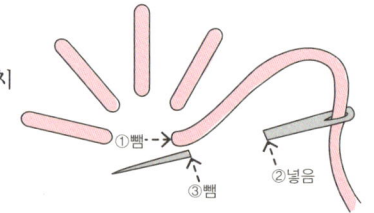

*자수의 가장 기본인 직선 스티치입니다.
 다양한 길이와 각도를 이용하여 면을 채우기도 하고,
 가느다란 꽃잎이나 식물의 가는 부분에 사용하기도 합니다.

5 플랫 스티치

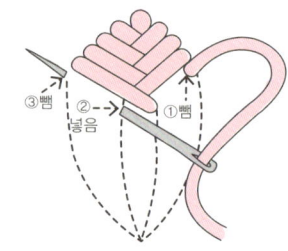

*무늬를 채워 넣을 때 사용되는 스티치입니다.
 꽃잎이나 나뭇잎에 많이 사용되는 스티치입니다.

6 플라이리프 스티치

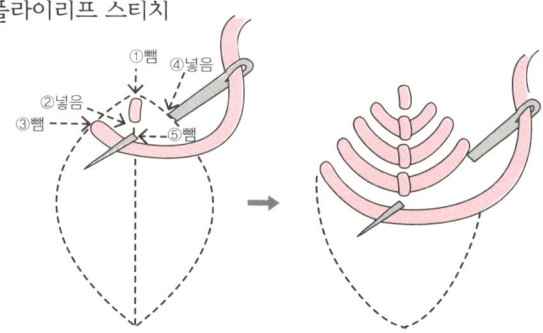

*잎모양을 표현하는 대표적인 자수 기법입니다.
 세로 방향으로 연속해서 플라이 스티치를 수 놓아
 나뭇잎 모양을 만들어 줍니다.

7 새틴 스티치

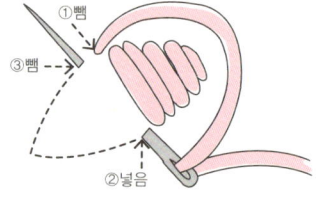

*면을 표현하는 기법의 스티치입니다.
 광택감과 평평함이 느껴지는 스티치로, 꽃잎이나
 나뭇잎에 사용하기 좋습니다.

8 레이지데이지 스티치

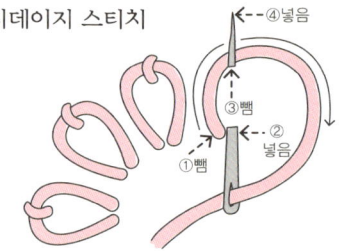

*꽃잎과 나뭇잎을 수 놓을 때 주로 사용하는 스티치입니다.

9 레이지데이지 변형 스티치

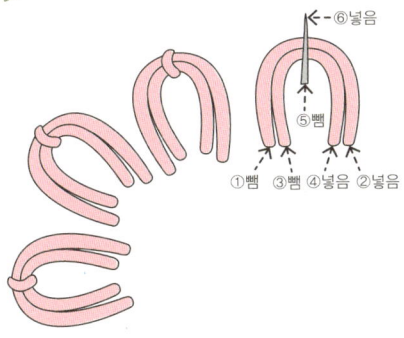

*레이지데이지 스티치를 변형한 스티치입니다.
 작은 꽃잎이나 꽃받침을 수 놓을 때 사용합니다.

10 트위스티드루프 스티치

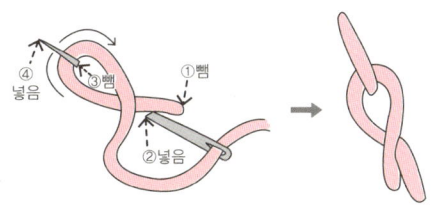

*레이지데이지 스티치의 응용으로 스티치의 끝부분을 살짝 꼬아
 꽃잎 한장이나 넓은 면적의 꽃잎을 수 놓을때 사용합니다.

11 체인 스티치

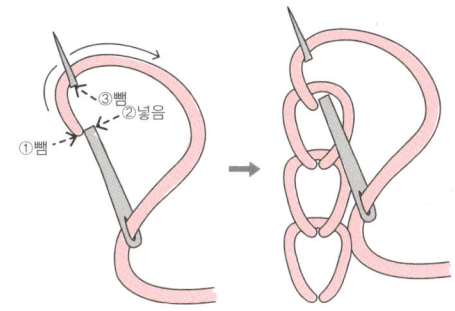

*두툼하게 표현하고 싶은 선이나 면적을 채울 때 많이 사용되는
 스티치입니다. 실을 약간 세게 잡아당겨서 체인을 가늘게 하면
 볼륨감이 살아있는 선을 수놓을 수 있습니다.

12 롱앤드쇼트 스티치

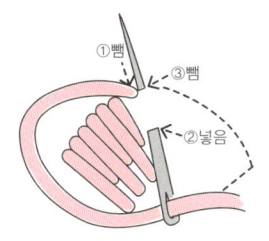

*길고 짧은 수를 연속해서 놓은 스티치입니다.
 넓은 면적의 단마다 색을 바꾸면 그라데이션이 표현됩니다.

13 스파이더웹로즈 스티치

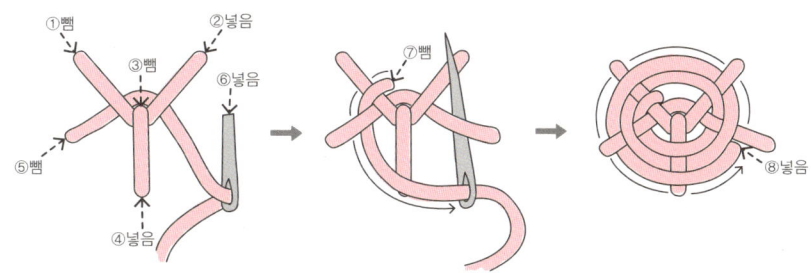

*꽃을 표현하기 좋은 스티치입니다.
 홀수 개수만큼의 스트레이트 스티치를
 기둥 삼아 빙글빙글 엮으며 꽃을 수 놓을 때 사용합니다.

14 프렌치노트 스티치

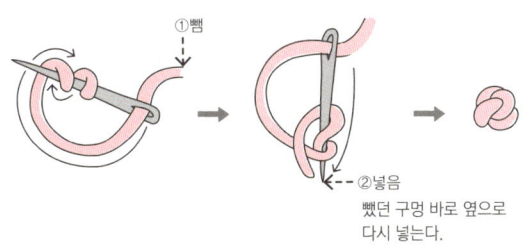

*매듭이라는 뜻의 구슬모양 스티치입니다.
 꽃술이나 작은 봉오리, 씨앗 등을 수 놓을 때 사용합니다.

15 카우칭 스티치

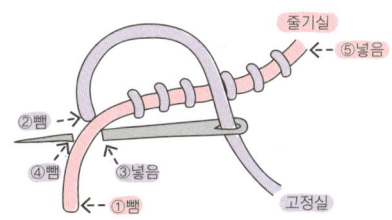

*일정한 간격에 따라 원단에 고정시키는 스티치입니다.
 자유로운 선을 그릴 수 있어 작은 글자에도 사용할 수 있고,
 줄기실은 모양을 대충 잡고, 고정하는 실은 짧게 고정하면
 깔끔하게 완성됩니다.

16 크로스 스티치

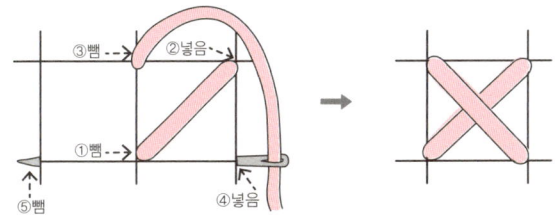

*십자수의 대표적인 스티치입니다.
 교차하는 실의 순서를 반복하여 십자로 수 놓을 때 사용합니다.

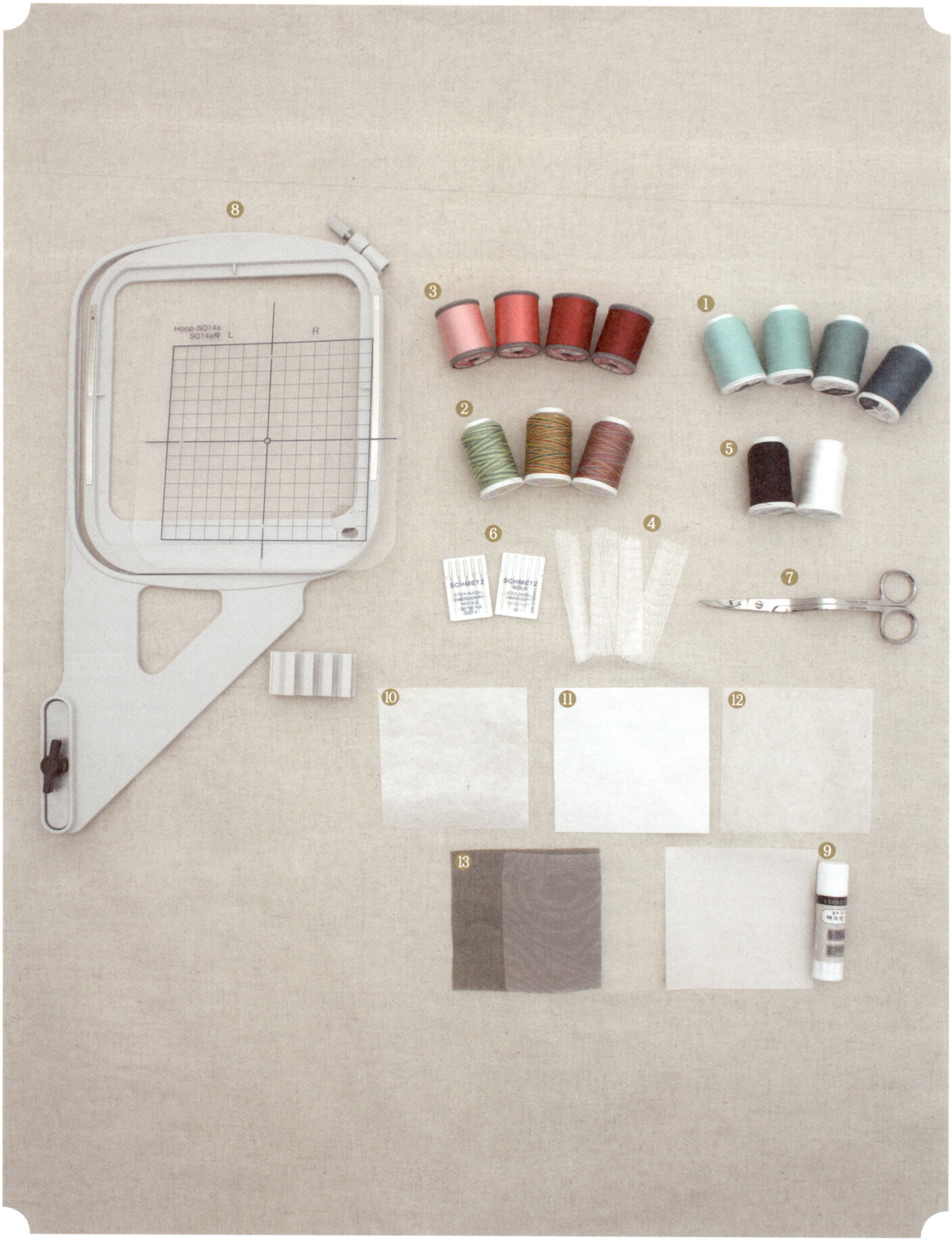

미싱 자수에 쓰이는 재료들

① 프라임 소잉전용실
작품이나 원단 구분없이 다양한 작업에 사용할 수 있는 좋은 품질(코아사)의 멀티실. 고급스러운 색감으로 무광 자수실로 사용하기 좋습니다.

② 마시멜로 무지개실
실 한가닥에 선명하고 다채로운 색상이 그라데이션 되어있어 매력적인 무지개실은 더욱 유니크하고 특별한 분위기의 자수를 놓을 수 있습니다.

③ 킹스타 자수용 봉제실
자수미싱 작업에 적합한 신도, 부드러운 촉감, 깊이있는 색조와 멋진 광택감이 포인트인 일본 후직스사의 미싱전용 고급 자수실. 형광, 메탈, 레인보우, 단색 등 총 296컬러의 다채로운 컬러 팔레트로 다양한 자수표현이 가능합니다.

④ 에이블 네트(봉제실용 그물망)
원활한 자수작업과 실의 깔끔한 보관을 도와주는 에이블 네트. 윗실 실패에 네트(그물망)를 씌워서 작업하면 네트가 실을 잡아 주면서 흐름이 원활해지고, 장력 조절이 되기 때문에 깔끔하고 완성도 높은 작업물을 얻을 수 있습니다.

⑤ 자수용 밑실
일반 자수실을 밑실로 사용할 수도 있으나, 전용 밑실을 사용하면 윗실 교체 시 밑실도 같이 교체를 해줘야 하는 번거로움을 줄일 수 있고, 일반 자수실에 비해 두께가 얇기 때문에 원단 위로 밑실이 올라오는 현상 또한 적어 효율적인 작업이 가능합니다.

⑥ 자수용 미싱바늘
자수용 미싱바늘은 바늘의 홈이 일반 바늘보다 넓고, 바늘 끝이 슬림하여 일반 봉제사보다 강도가 약한 자수실로 작업 시 실의 손상 및 끊어짐을 방지하여 효율적인 자수작업이 가능합니다.

⑦ 자수용 더블 커브드 가위
일반 가위와 다르게 이중으로 굽어있는 (Double-Curved)형태로 자수, 아플리케 작업시 사용하기 좋습니다. 손목을 꺾어가며 힘들게 작업하지 않고도 쉽게 사용할 수 있고, 원단에 가까이해서 잘라도 실, 심지, 원단의 손상없이 깔끔하고 안전하게 컷팅할 수 있습니다.

⑧ 자수틀(후프)
자수미싱은 규정된 프레임(후프) 이내에서만 작업이 가능합니다.

⑨ 패브릭용 본드풀&양면 멜트 필름
패브릭용 본드풀은 고체타입의 임시고정용 풀로 아플리케 작업시, 쉽고 간편하게 원단을 부착할 수 있습니다. 양면 멜트 필름은 아플리케 작업시, 양면 테이프처럼 원단과 원단을 쉽게 부착할 수 있으며, 얇기 때문에 부착했을 때 두꺼워지지 않고 자연스럽습니다. 다림질로 간편하게 부착할 수 있고, 접착력이 좋아 쉽게 떨어지지 않습니다.

🍃 기계자수용 심지

⑩ 티어어웨이 자수심지
자수가 끝난 뒤에 손으로 뜯어 제거하는 심지로, 가장 기본적으로 많이 사용됩니다. 원단의 앞면이나 뒷면에 부착하여 작업하며, 변형이 심하지 않은 직기류에 사용하기 적합합니다. 수놓은 부분이 손상되지 않도록 조심히 뜯어내야 합니다.

⑪ 컷어웨이 자수심지
이름 그대로 자수가 끝난 뒤에 자수 주변으로 약간 여유를 두고 가위로 잘라내는 방식의 심지로, 일반적으로 원단 뒤쪽에 덧대서 작업합니다. 두껍고 힘이 있기 때문에 와펜 제작이나 다이마루 등 신축성 있고 변형이 심한 원단에 사용하기 적합합니다.

⑫ 워셔블(수용성) 자수심지
물에 녹는 워셔블(수용성) 심지로 레이스, 무브먼트 등을 작업할 때 주로 사용합니다. 자수를 놓은 다음 미지근한 물을 묻히거나 담그면 심지는 녹고 예쁜 자수만 말끔하게 남습니다.

⑬ 자수용 보일
미싱자수 작업시, 자수용 보일을 워셔블 심지와 함께 사용하면 자수실이 풀리지 않고 고정되며, 힘과 안정감을 주는 보강 심지 역할을 합니다. 여러겹 겹쳐 사용하면 더욱 힘있게 완성되며 자수 오너먼트, 컷워크 자수, 3D 입체자수 등 다양하고 고급스러운 자수표현이 가능합니다.

미싱 자수 시작하기

최근 인기있는 미싱 자수는 손자수보다 40배 이상 빠른 속도로 완성할 수 있고,
손자수로 할 수 없는 다양한 기법을 지원합니다. 미싱 자수의 특징과 장점을 느껴보세요.

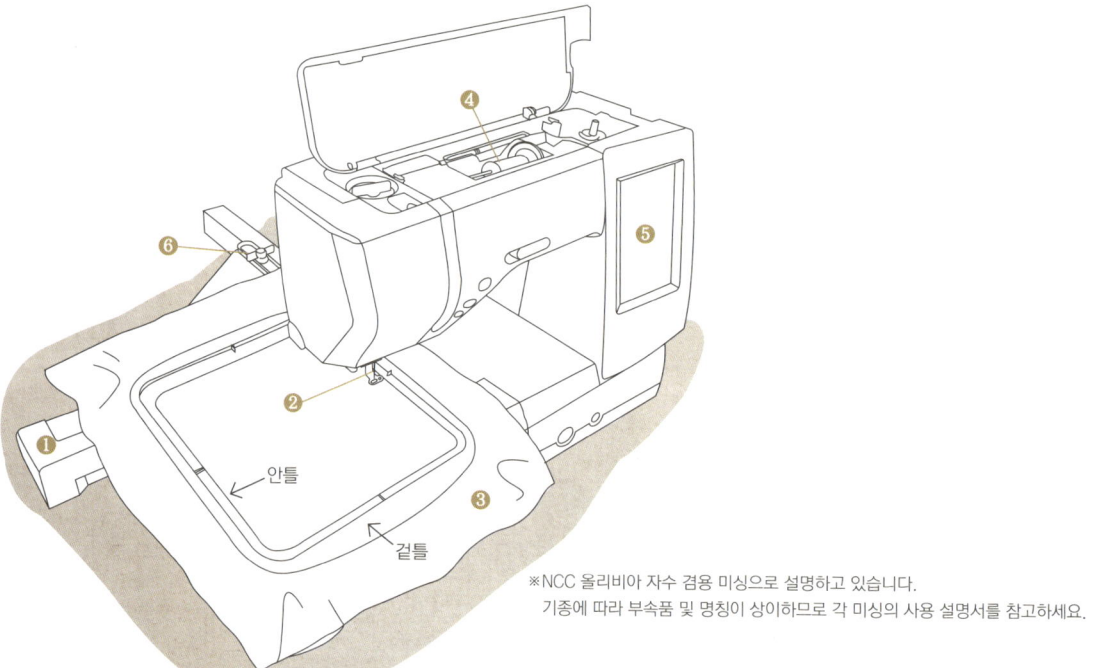

※ NCC 올리비아 자수 겸용 미싱으로 설명하고 있습니다.
기종에 따라 부속품 및 명칭이 상이하므로 각 미싱의 사용 설명서를 참고하세요.

❶ 미싱 메뉴얼에 따라 자수모드로 세팅
자수기를 장착하고, 자수용 침판으로 교체합니다.

↓

❷ 자수용 노루발과 바늘 장착
작업할 원단과 자수디자인을 고려하여 선택합니다. 노루발은 일반자수용, 특수용(컷워크, 코드자수)이 있고, 바늘은 실의 굵기에 따라 11호 또는 14호를 사용합니다. 금속사의 경우 바늘구멍과 홈이 큰 바늘이 좋습니다.

↓

❸ 자수틀에 원단과 심지 장착
심지는 자수를 놓을 원단 뒷면에 위치시키고, 그 크기는 자수틀보다 커야합니다. 원단과 심지를 안틀과 겉틀에 끼웁니다. 이때, 원단이 팽팽하고 균등하게 펴지도록 고정한 후, 자수틀 나사를 단단하게 조여 고정합니다.(*자수틀은 미싱 기종마다 형태와 크기가 다르고 자수 가능영역이 큰 미싱일수록 판매가가 비싸집니다.)
※ 심지 고르기는 p.074 '미싱 자수에 쓰이는 재료들' 참고

→

❹ 자수실 걸어주기
자수실은 유광실과 무광실이 있습니다. 킹스타(후직스)는 대표적인 유광실입니다. 프라임 소잉실(해피베어스)은 무광실로 사용합니다. 자수전용 밑실을 사용하면 장시간 작업에 용이하고 비용도 절약할 수 있습니다.

킹스타 실   유광실 사용

프라임 소잉실   무광실 사용

↑

❺ 자수파일 불러오기 (p.77참고)
자수미싱에 내장되어있는 파일을 사용합니다. 이외의 새로운 디자인은 자수파일 판매사이트에서 구입합니다. 원하는 디자인을 자수 프로그램으로 직접 디자인하여 폭 넓은 작품활동이 가능합니다.

↑

❻ 자수 시작하기
시작버튼을 누르면 자동으로 자수가 놓아집니다. 여러 색상이 사용되는 경우, 미싱의 지시에 따라 실을 교체하고 시작버튼을 누르면 됩니다.

🌱 자수미싱에서 불러온 파일정보 확인하기 (p.76 ⑤)

자수디자인 크기
너비X높이 치수를 mm단위로 표시.
자수디자인의 크기가 자수미싱이 작업가능한 영역보다 클 경우에는 작업이 불가하다.
(미싱 자체적 인식불가)

자수틀(Hoop)사이즈
자수크기에 알맞는 자수틀을 추천

노루발 압력과 장력
NCC 자수미싱의 경우 자동조절이 기본.
작업환경에 따라서 문제가 발생하면 임의로 장력조절 가능
*장력이 윗실>밑실이면, 퍼커링 현상이 발생
  윗실<밑실이면, 윗실이 들뜬다.

작업 소요시간
자수를 완성하는데 필요한 시간.
실을 교체하기 위해 멈추는 시간은 포함되어 있지 않음

최대 재봉속도
spm이란 1분당 재봉하는 바늘침수.
NCC올리비아 기종의 경우 400~800spm까지 속도슬라이더로 쉽게 속도를 조절할 수 있다.(*금속사의 경우, 속도를 낮춰 작업해야 안정적이다.)

사용될 실 색상 개수

노루발 종류

자수디자인 미리보기
전체 디자인 보기모드 또는 진행되는 색상영역만 확인가능

스티치 수
총 스티치수가 보이고, 작업 진행현황을 확인할 수 있다. 작업 중에 오류가 발생하거나, 이후에 진행하고 싶다면 현 위치의 스티치를 찾아가 이어서 작업하면 된다.

편집창
자수 크기조절, 위치조정, 디자인 색상변경, 복사, 디자인 추가/합성, 자수영역 확인 등

색상표
자수디자인의 색상영역과 순서를 확인할 수 있다. 참고하여 미리 색실을 준비한다.

자수파일을 미싱에서 불러온 모습과 결과물

🌱 미싱 자수로 구현가능한 다양한 기법

라인 워크

퀼트, 손자수 등 각종 바느질 기법에서 유용하게 쓰이는 아웃라인 스티치를 활용해 선으로만 표현하는 기법, 큰 디자인에도 작업 시간이 짧은것이 장점.

케미컬 레이스

수용성 자수심지에 견고한 미싱 자수를 놓고, 미지근한 물로 심지를 녹여 자수만 단독으로 남기는 기법.

아플리케

바탕 원단에 다른 원단을 덧붙여 자수로 고정하는 장식 기법. 주로 새틴스티치나 버튼홀스티치 자수로 고정한다.

컷워크

자수도안의 안쪽 원단을 적당히 오려내어 레이스와 같은 효과를 내는 기법. 오려낸 구멍이 클 때는 실로 연결다리를 놓아 모양을 유지하는것이 팁.

프린지

'술 장식'으로 풍성한 입체장식 효과를 주는 기법. 자수미싱에서 와이드 새틴을 놓은 후, 밑실을 잘라내고 윗실을 풀어준다.

십자수

도안에 따라 십자의 크기를 정한 후, 세로와 가로를 일정하고 규칙적으로 수 놓는 기법.

 ## 미싱 자수 활용하기

자수 미싱으로 심플한 원단에 포인트가 되는 꽃 장식, 캐릭터 장식, 상표 등을 수 놓아 다양하게 활용해보세요.
본 서적에 사용된 미싱용 자수파일은 자수플러스(www.jasuplus.com)에서 판매중입니다.

✻ **장식**   특별한 테크닉 없이도 고급스럽고 우아한 작품을 연출할 수 있습니다.
소담스런 꽃자수, 여성스러운 레이스 자수, 품격있는 모노그램, 손으로 놓은듯한 십자수까지 쉽고 빠르게 자수를 놓을 수 있습니다. 다양한 자수 디자인으로 평범한 일상 속 사물들에게 특별한 매력을 담아보세요.

✿ **캐릭터**   우리 아이들이 좋아하는 만화 캐릭터부터 그리운 빨강머리 앤까지..
작품에 쉽고 유니크하게 장식할 수 있습니다. 톡톡한 입체감이 있고, 세탁 후에도 안정적입니다. 와펜, 어린이 용품, 브로치, 의류 리폼, 다양한 소품과 의상에 알록달록 자수를 놓아 생동감을 주고 일상의 행복을 만들어 보세요.

✿ **상표**   정교하고 퀄리티 높은 자수를 담아 부가가치를 창출해보세요.
도톰하고 부드러운 수건에 이니셜 자수, 운영하는 카페/공방/식당/호텔의 브랜드 로고 엠블럼을 담아 공간을 연출하면 독자적인 분위기를 연출할 수 있습니다. 그 외에도 이벤트물이나 기념품, 답례품, 단체복에 자수를 담아 기념하면 받는 이도 감동과 여운이 오래도록 지속됩니다.

Sewing Tip

✂ 사이즈 재는 법

본 서적의 실물크기 패턴은 아래의 사이즈표를 기준으로 제작되었습니다.
상의는 신장과 가슴둘레를 기준으로, 하의는 허리둘레와 엉덩이둘레를 기준으로 실물크기 패턴을 사용하세요.
먼저, 사이즈를 측정하여 제일 근접한 사이즈의 실물크기 패턴을 사용하는 것이 좋습니다.
소매길이와 바지길이는 몸에 맞추어 완성합니다.

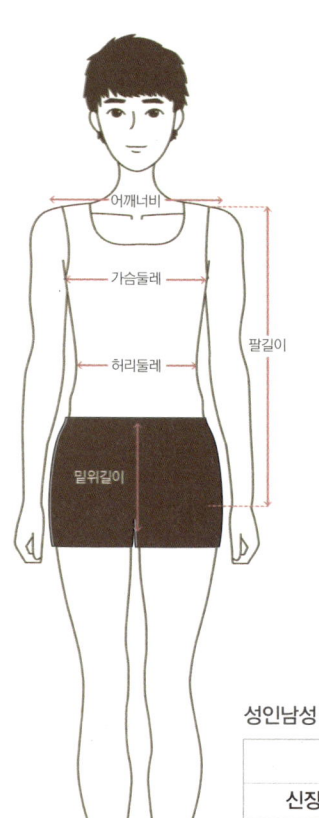

성인남성 사이즈

	S	M	L	XL
신장	170	175	180	185
가슴둘레	90	95	100	105
허리둘레	74	79	84	89
엉덩이둘레	94	99	102	110

성인여성 사이즈

	S	M	L	XL
가슴둘레	84	88	92	96
허리둘레	66	70	74	78
엉덩이둘레	90	94	98	102
등길이	39	39	39	39
소매길이	54	54	54	54

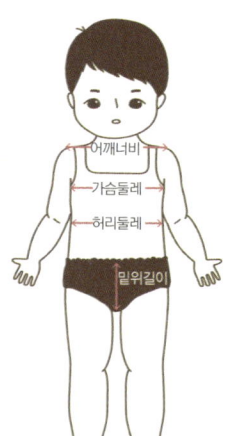

아동 사이즈

	90	100	110	120
가슴둘레	48	52	56	60
허리둘레	45	48	51	52
엉덩이둘레	52	58	61	63

※ 사이즈는 재는 방법에 따라 1~3cm 정도 차이가 있을 수 있습니다.

✂ 소잉의 기본 용어   ////// 알아두면 편리한 소잉용어들을 소개합니다.

- **패턴 그리기**
  원형제도의 한 방법으로, 직선, 직각 등을 안내선이나 등분선 등을 기준으로 완성치수 그대로 그리는 일을 말한다.

- **너치(맞춤점)표시**
  2장 이상의 천을 겹쳐 봉합할 때, 서로 뒤틀리지 않도록 같은 위치를 표시하는 기호.

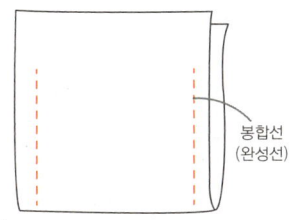

- **봉합선**
  원단을 봉합할 때, 작품이 연결되는 완성선.

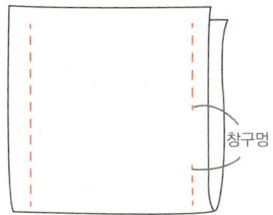

- **창구멍**
  2장의 천을 겉과 겉이 서로 마주보게 겹쳐 봉합할 때, 겉면으로 뒤집기 위해 그림과 같이 봉합하지 않고 남겨놓는 부분을 말한다. 가방 등 안감에 창구멍을 남겨놓는 일이 많다.

- **연단**
  천을 재단하기 전에 직물의 모양이 뒤틀려진 것을 정리하는 일.

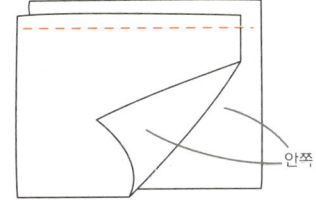

- **안끼리 마주보게 겹치기**
  2장의 천을 겹쳐 봉합할 때, 천의 겉면이 바깥쪽으로 드러나게 접거나 포개는 것을 말한다.

- **날실**
  직물의 세로 방향으로 놓인 실.

- **씨실**
  직물의 가로 방향으로 놓인 실.

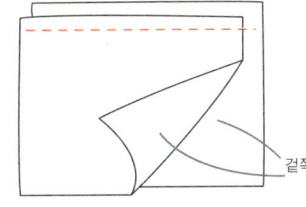

- **겉끼리 맞대어(마주보게) 겹치기**
  2장의 천의 겉면이 서로 맞닿게 접거나 포개는 것을 말한다.

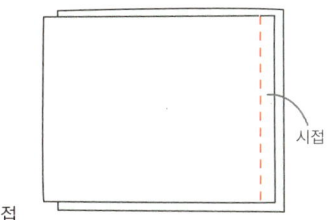

- **시접**
  2장의 천을 봉합할 때 완성선에서부터 여분으로 남겨두는 부분을 말한다.

- **시침질**
  본 박음질 전에 완성선이 뒤틀리지 않도록 가봉하거나 시침핀을 꽂는 일.

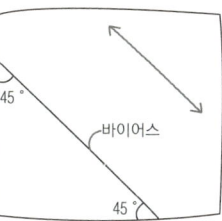

- **바이어스**
  직물의 날실 방향과 대각선이 되도록 비스듬히 자른 천을 말한다. 테이프 모양으로 잘라 사용하는 일이 많다.

- **턱**
  작은 폭의 바느질로 만들어 낸 주름. 접은 부분을 일정한 간격으로 봉합하는 것이 일반적이다.

- **땀**
  봉합땀을 지칭하는 말로써, 주로 한 땀의 길이를 가리키는 일이 많다.

- **요척**
  작품을 제작할 때 필요한 최소한의 천의 폭과 길이. 천의 사용량을 칭하는 말.

- **접착심**
  천의 보강을 위해 다림질로 접착시키는 심지.

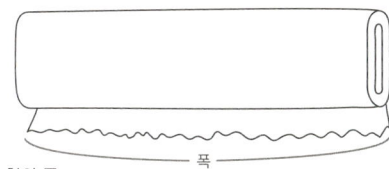

- **천의 폭**
  직물의 짜여진 가로폭을 말하는 것으로, 원단의 끝에서 끝까지의 길이를 말한다.

- **천의 결**
  날실과 씨실이 교차해서 만들어낸 천의 흐름.

- **완성선**
  제도할 때 긋는 선의 하나로, 보통 두꺼운 실선으로 표현한다. 마감선과 같다.

✂ 선세탁 하기

선세탁은 과거 충분한 가공이 되지 않는 원단으로 옷을 완성할 때, 세탁 후 심하게 줄어드는 현상을 예방하기 위해 하는 제작 공정이었습니다.
하지만 최근 생산되는 원단의 경우 충분한 가공이 되어 거의 수축되지 않으므로, 선세탁 없이 옷을 만들어도 문제가 없습니다.

- **면과 마의 선세탁**

 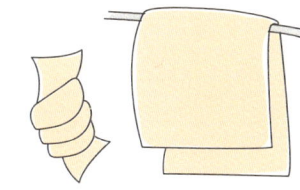 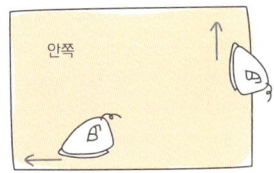

충분한 양의 물에 원단을 1시간 정도 담가둔다. → 원단을 가볍게 짜고, 주름을 펴서 말린다. → 원단이 완전히 마르면 안쪽부터 바깥쪽으로 직조된 올방향을 따라 다림질한다.

- **울의 선세탁**

원단의 안쪽에서 원단이 충분히 젖을 정도로 고르게 분무기로 물을 뿌린다. → 천을 가지런히 접어서 비닐봉지 등에 넣고 습기가 잘 밸 때까지 1시간 정도 둔다. → 천을 꺼내서 안쪽부터 바깥쪽으로 스팀을 주어 다림질을 해준다.

제도 기호 보는 방법

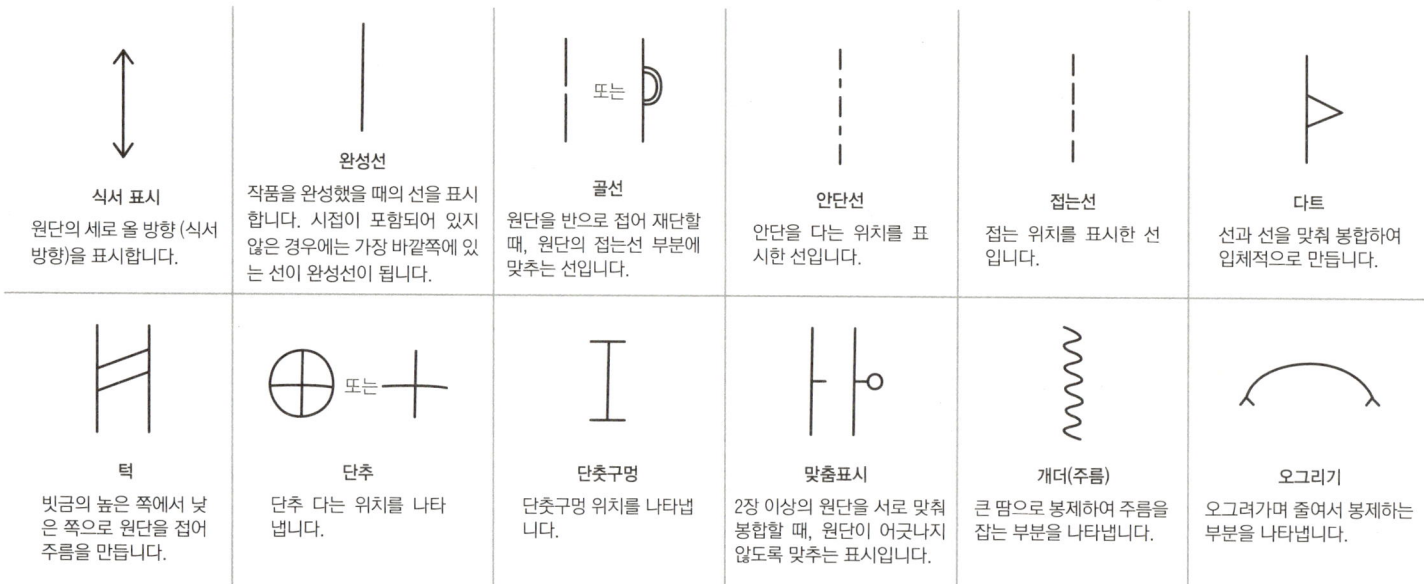

식서 표시	원단의 세로 올 방향 (식서 방향)을 표시합니다.
완성선	작품을 완성했을 때의 선을 표시합니다. 시접이 포함되어 있지 않은 경우에는 가장 바깥쪽에 있는 선이 완성선이 됩니다.
골선	원단을 반으로 접어 재단할 때, 원단의 접는선 부분에 맞추는 선입니다.
안단선	안단을 다는 위치를 표시한 선입니다.
접는선	접는 위치를 표시한 선입니다.
다트	선과 선을 맞춰 봉합하여 입체적으로 만듭니다.
턱	빗금의 높은 쪽에서 낮은 쪽으로 원단을 접어 주름을 만듭니다.
단추	단추 다는 위치를 나타냅니다.
단춧구멍	단춧구멍 위치를 나타냅니다.
맞춤표시	2장 이상의 원단을 서로 맞춰 봉합할 때, 원단이 어긋나지 않도록 맞추는 표시입니다.
개더(주름)	큰 땀으로 봉제하여 주름을 잡는 부분을 나타냅니다.
오그리기	오그려가며 줄여서 봉제하는 부분을 나타냅니다.

올 방향 바로잡기

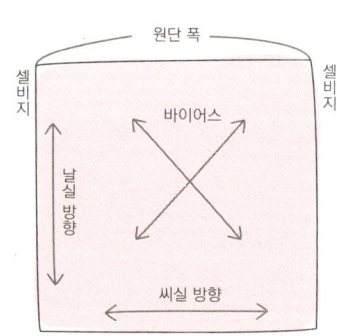

원단의 세부 명칭

- 올 방향 : 원단의 씨실과 날실의 짜임을 말합니다.
- 세로 올 방향 : 원단의 날실(세로실) 방향. 패턴의 올 방향을 나타내는 화살표는 세로 올 방향(식서 방향)을 나타냅니다.
- 가로 올 방향 : 원단의 씨실(가로실) 방향. 푸서 방향이라고도 합니다. 세로 올 방향에 비해 원단이 잘 늘어납니다.
- 바이어스 방향 : 원단의 45도 대각선 방향을 말합니다. 원단이 가장 잘 늘어납니다.
- 셀비지 : 원단의 가장자리 부분으로, 좌우의 양 끝을 가리킵니다. 촘촘하게 직조되어 있어 실의 올 풀림이 없으며, 원단에 따라서 색상이 다르거나 제조사명이 프린트되어 있습니다.
- 원단 폭 : 원단의 셀비지부터 반대쪽 셀비지까지의 길이를 말합니다.

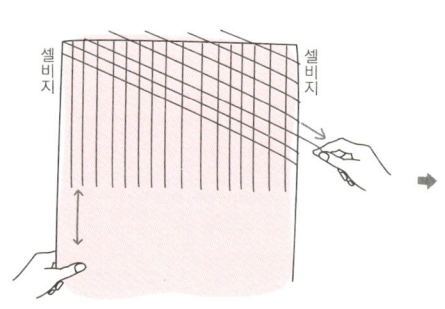

1. 씨실 한 가닥을 빼낸 다음, 씨실을 빼낸 선을 따라 원단의 가장자리를 잘라낸다.

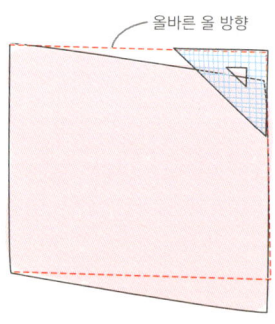

2. 원단의 모서리에 자를 대고 원단이 뒤틀리지 않았는지 확인한다.

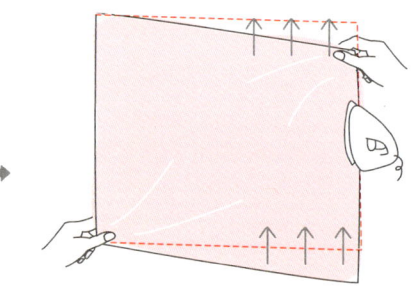

3. 원단의 방향이 올바르게 되도록 양손으로 원단을 잡아당긴 후, 다림질하여 정리한다.

기본 손바느질

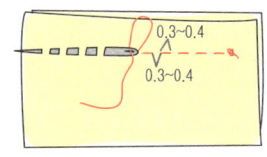 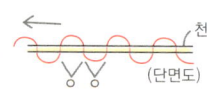

시침질

손바느질의 가장 기본이 되는 바느질법. 0.3~0.4cm 정도의 바늘땀으로 겉과 안이 같은 간격으로 봉합되도록 한다. 이불과 같은 큰 옷감의 재봉 시 미리 고정해 두기 위해 시침핀 대신 사용하기도 하고, 옷을 가봉할 때 사용하기도 한다.

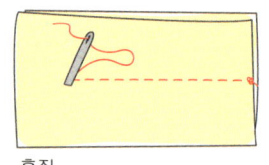 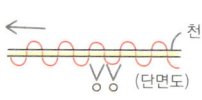

홈질

시침질의 바늘땀보다 좀 더 좁게 하는 바느질 방법. 겉과 안의 바늘땀을 0.2cm 정도로 고르게 바느질한다. 박음질보다는 약하지만 간단한 재봉을 하거나 주름을 잡을 때 많이 사용한다.

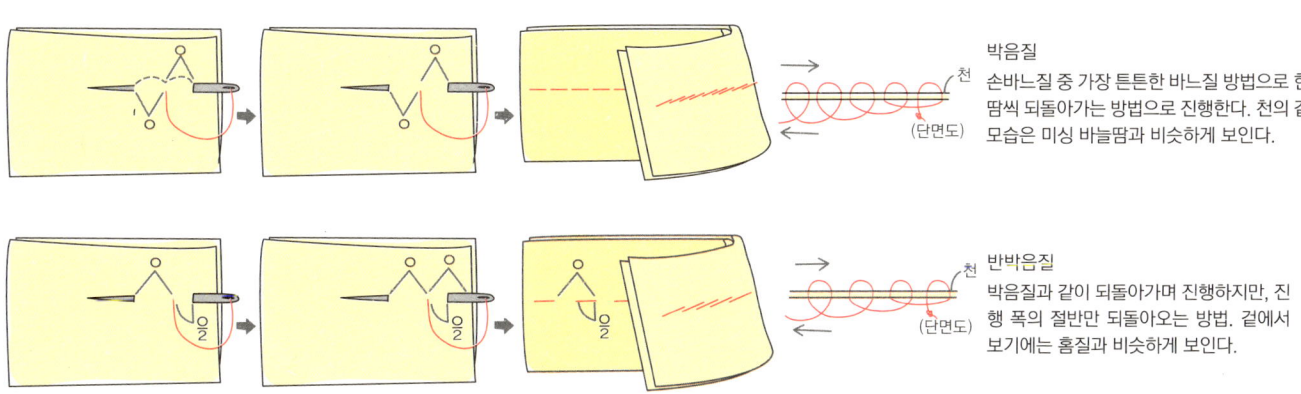

봉합 방법과 원단 끝처리

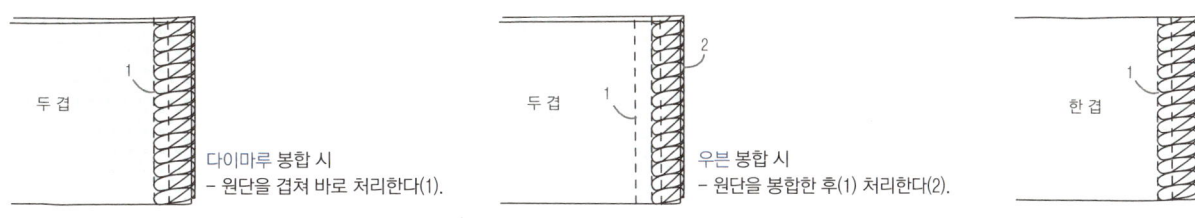

미싱으로 밑단 박음질 방법

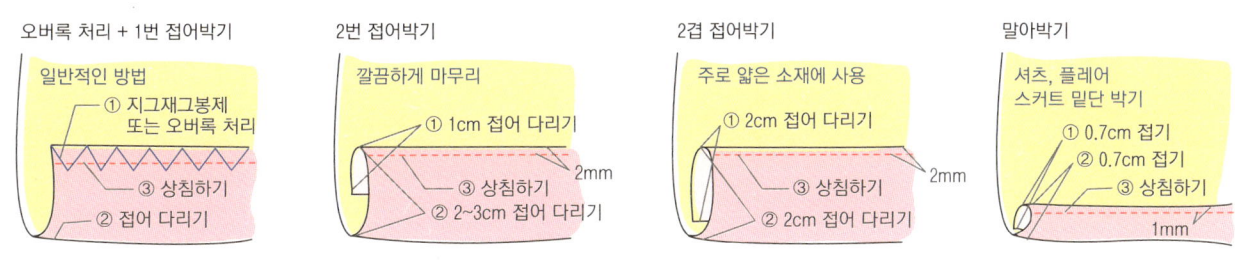

접착심 붙이기

손스티치

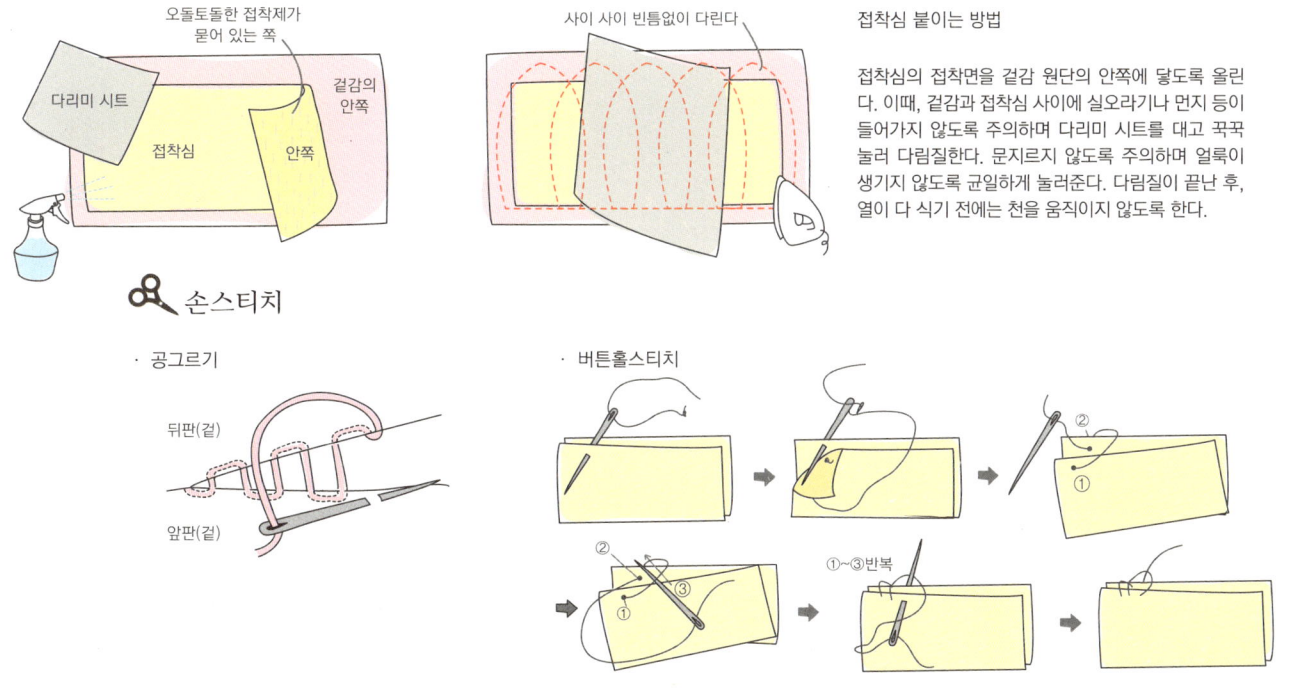

✂ 바이어스 길게 만들기

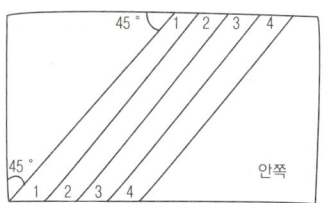
45도 각도로 필요한 만큼 천에 선을 그은 후, 양 끝을 자른다.

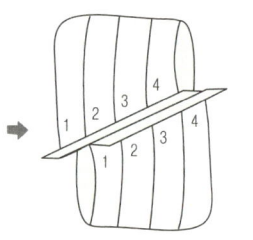
선이 한 줄씩 밀리도록 맞춰 봉합한 후, 시접을 가름솔한다.

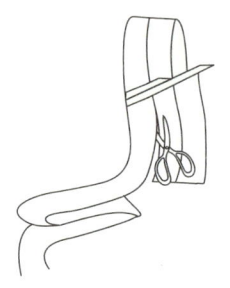
선을 따라 자르면 긴 바이어스 테이프가 완성된다.

✂ 바이어스 달기

바이어스 달기 1 4겹의 바이어스테이프를 몸판에 바로 감싸서 박음질하는 방법
(바이어스 처리하는 면의 곡선이 심하지 않을 경우)

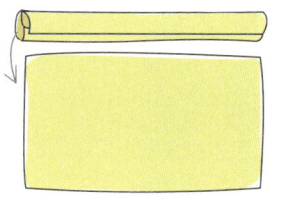
4겹의 바이어스로 원단의 끝을 감싼 후 시침핀을 이용해서 고정한다.

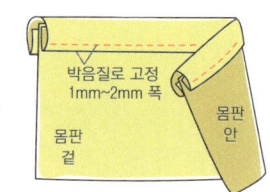
겉쪽의 바이어스 끝에서 1mm~2mm 떨어진 곳을 박음질로 고정한다.

바이어스 달기 2

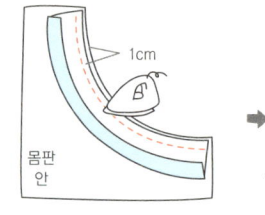
몸판의 안쪽에서 1cm의 시접으로 바이어스를 고정한다.

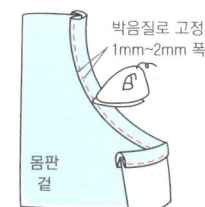
바이어스로 원단의 시접을 감싸고 겉쪽의 바이어스 끝에서 1mm~2mm 떨어진 곳을 박음질로 봉합한다.

바이어스 달기 3 2겹의 바이어스를 몸판과 함께 접어 몸판의 안쪽에서 박음질로 고정하는 방법
(네크라인, 암홀 등 곡선이 큰 경우나 바이어스 안쪽에 끈 등을 넣어 셔링을 만들 경우)

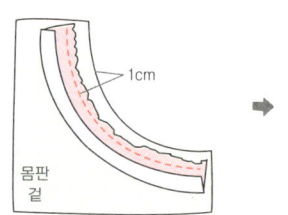
몸판의 겉쪽에서 1cm의 시접으로 바이어스를 고정한다.

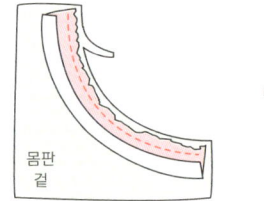
몸판의 시접을 바이어스 라인에 맞춰 잘라낸다.

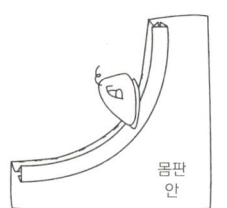
잘라낸 시접과 함께 몸판 안쪽으로 바이어스를 꺾어 다림질한다.

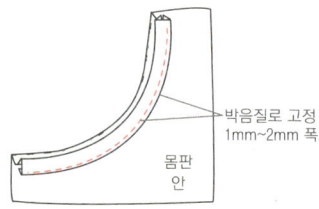
꺾어 다림질한 바이어스 끝에서 1mm~2mm 떨어진 곳을 박음질로 고정한다.

✂ 단추 달기와 단춧구멍 위치 정하기

· 단추 위치 정하기

① 가로 단춧구멍 위치 정하기

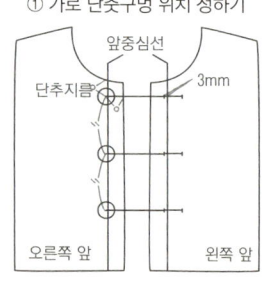

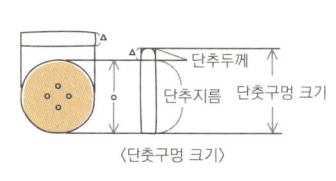
〈단춧구멍 크기〉

② 세로 단춧구멍 위치 정하기

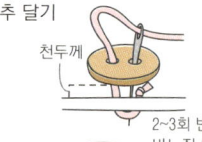

· 손바느질로 단춧구멍 만들기

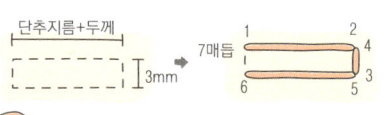

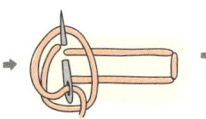
버튼홀 스티치

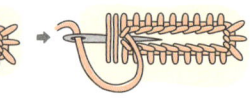

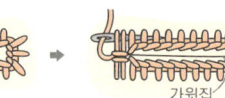
가윗집

· 단추 달기

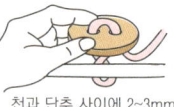
2~3회 반복하여 바느질 한다.

천과 단추 사이에 2~3mm 정도의 공간을 만든다.

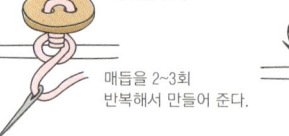
매듭을 2~3회 반복해서 만들어 준다.

매듭을 만들고 겉으로 실을 뽑아 자른다.

✂ 콘실지퍼 다는 방법

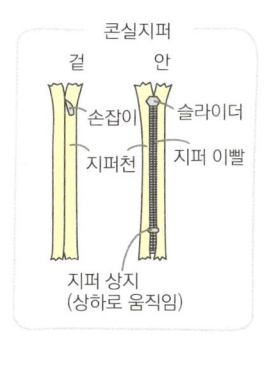
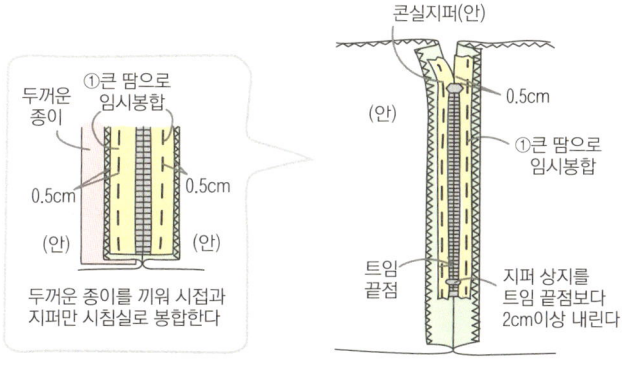

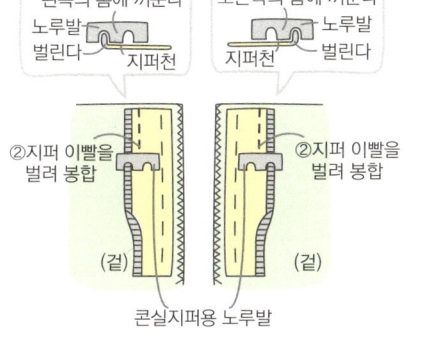
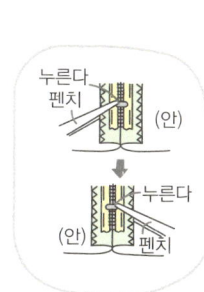
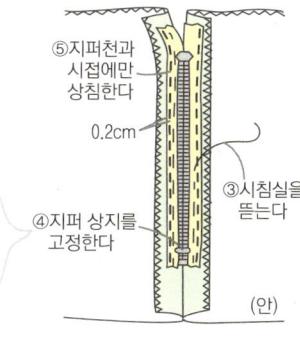

✂ 금속단추 달기

· 가시도트단추
· 도트단추
· T단추

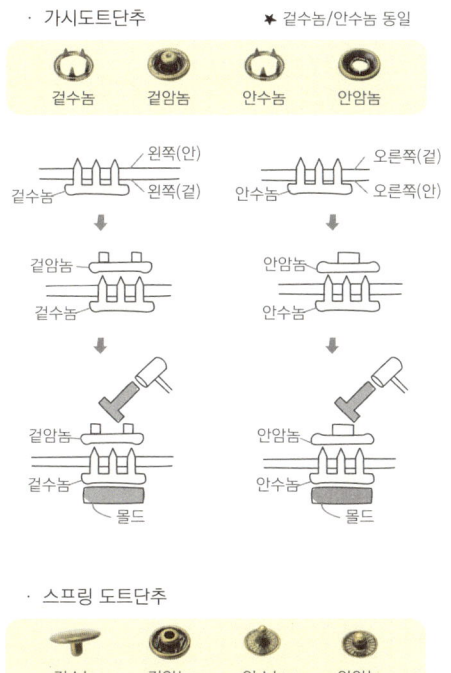
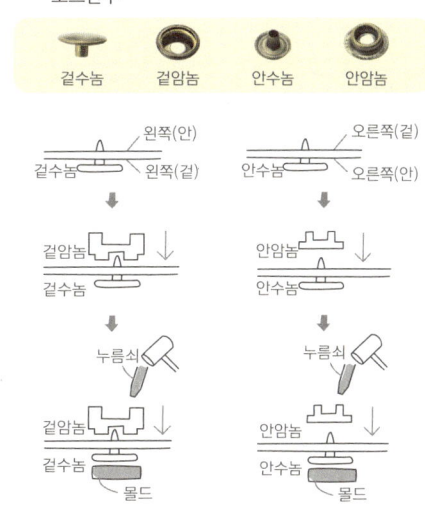
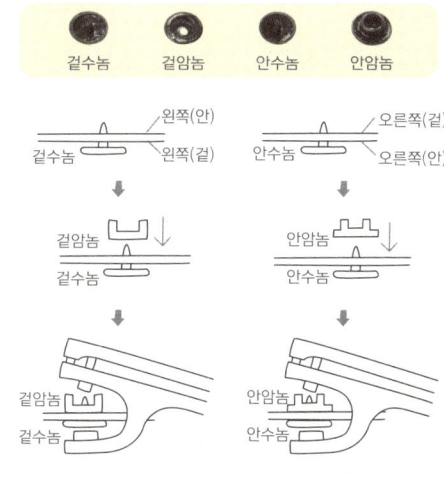

· 스프링 도트단추
· 양면징
· 아일렛
· 자석단추

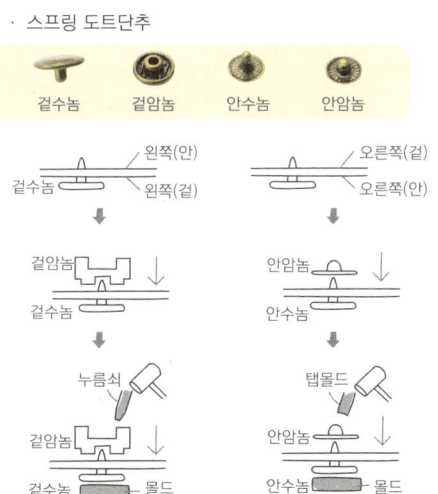
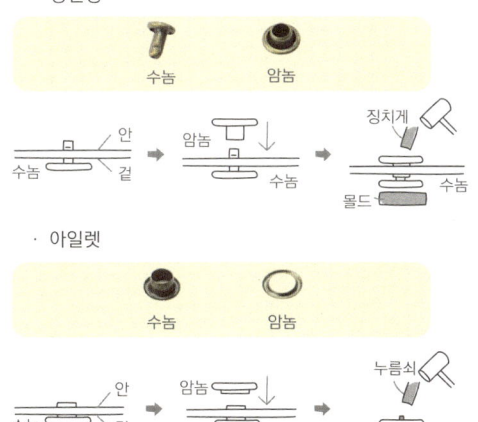
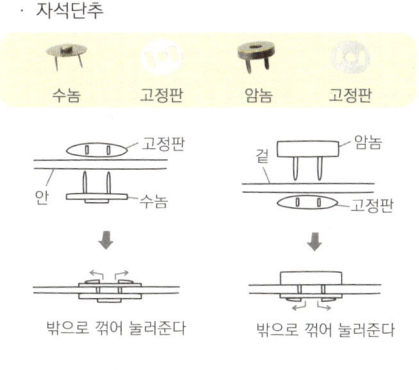

미싱 각 부분의 명칭

※ [NCC 매직]으로 설명하고 있습니다. 기종에 따라 부속품 및 명칭이 상이하므로 각 미싱의 사용 설명서를 참고하세요.

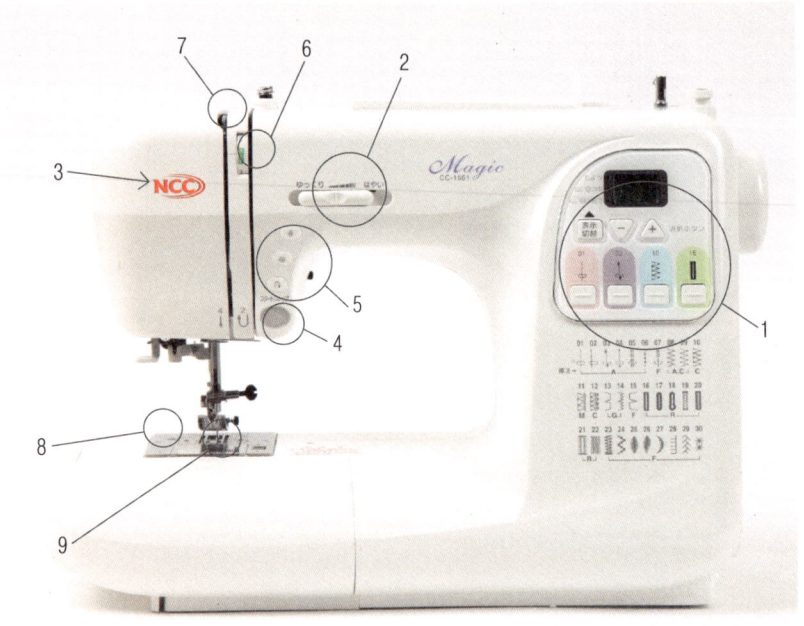

1 LED 버튼식 패턴무늬 선택

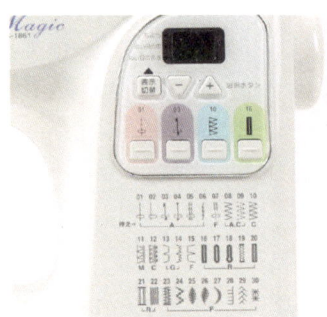

패턴 및 땀폭, 땀의 간격을 조절하는 버튼과 LED창입니다. 재봉틀의 기종마다 패턴이나 바느질의 설정 방법이 다르기 때문에 각 미싱의 사용 설명서를 참고하여 설정 방법을 익힙니다.

2 슬라이드식 속도 조절 레버

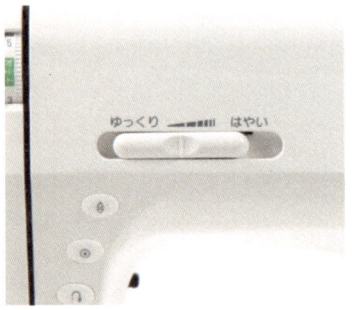

슬라이드를 좌우로 움직여 속도를 조절합니다. 오른쪽으로 밀면 빨라지고, 왼쪽으로 밀면 느려집니다.

3 노루발 압력 조절 장치

노루발의 압력을 조절하는 장치입니다. 아래쪽으로 내리면 압력이 세지고, 위쪽으로 올리면 압력이 약해집니다.

4 시작 / 정지버튼

발판을 사용하는 대신 이 버튼을 사용하여 봉제를 시작하거나 멈출 수 있습니다.

5 ① 바늘 상하 위치 조절 버튼, ② 자동 무늬 완성 버튼, ③ 후진 봉합 버튼

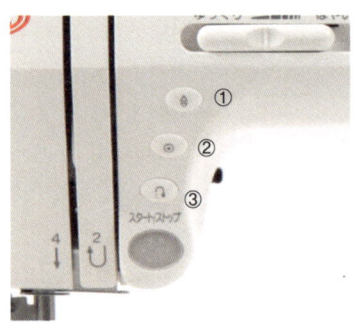

①바늘 상하 위치 조절 버튼은 바늘을 위, 아래로 움직일 때 사용합니다.

②작업하던 패턴을 자동으로 마무리해주는 버튼입니다. 또한 직선박기 봉제 시 버튼을 누르면 마무리 부분의 실을 자동으로 보강하여 실이 풀리지 않도록 튼튼하게 고정시켜줍니다.

③후진 봉합 버튼은 바느질의 진행 방향을 반대로 바꿔줍니다. 되돌아박기할 때 사용합니다.

6 장력 조절 다이얼

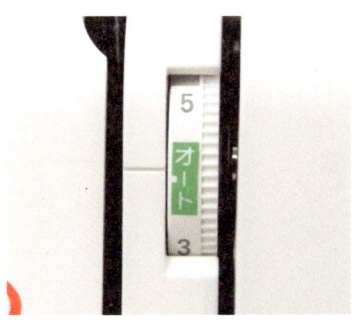

윗실과 아랫실의 장력이 맞지 않을 때, 장력을 조절할 수 있는 다이얼입니다. 보통은 오토로 사용하며 윗실의 장력이 셀 때는 숫자를 낮은 쪽으로, 윗실의 장력이 약할 때는 숫자를 큰 쪽으로 돌려줍니다.

7 실채기 안전장치

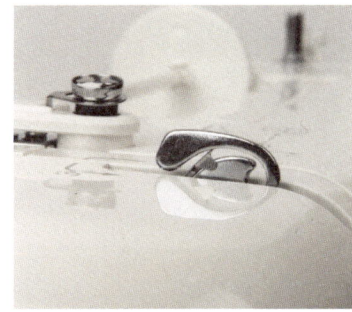

실채기 안전장치는 윗실을 한 번 더 잡아주어 실이 빠지지 않고 팽팽하도록 고정시켜줍니다.

8 패턴 무늬 미세조절 나사

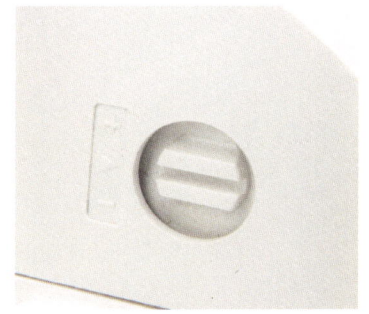

패턴의 무늬가 일그러지거나 울 경우 패턴 무늬 미세조절 나사를 조절합니다.

9 가마 소음 방진 패드

많은 소어들이 불편함을 겪는 미싱의 소음. 재봉틀의 소음을 줄여주는 소음 방진 패드입니다. 조용한 미싱에 앉아 차분하게 봉제를 시작해보세요.

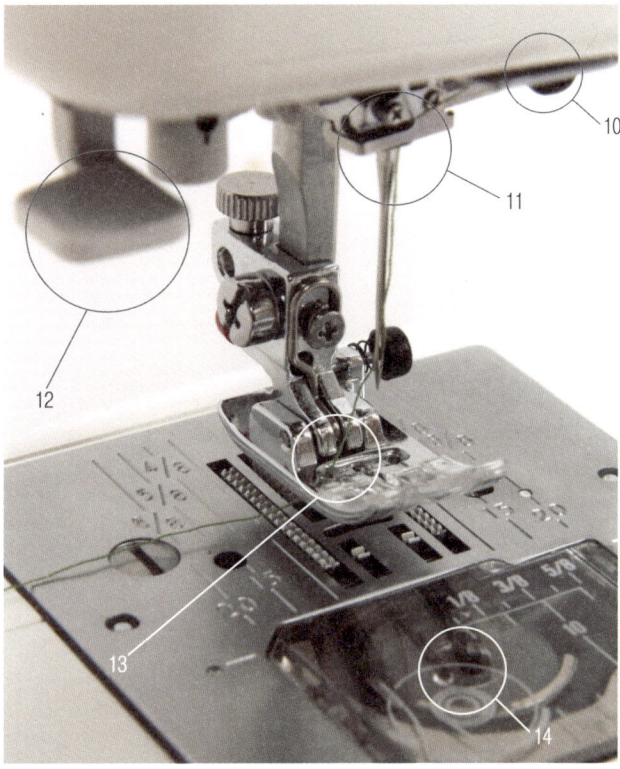

10 바늘 조임 나사
바늘을 미싱에 고정할 때 사용합니다. 바늘을 교체할 때는 나사를 풀러 바늘을 교체합니다

11 실걸이 가이드
윗실을 순서에 맞게 끼운 다음, 바늘에 실을 끼우기 전에 실걸이 가이드에 통과시킵니다.

12 자동 실 끼우기 장치
잘 보이지 않는 바늘구멍에 실을 간편하게 끼울 수 있게 도와줍니다.

13 노루발
원단을 미싱에 고정시켜주는 역할을 합니다. 봉합 종류에 따라 그에 맞는 전용 노루발을 사용합니다.

14 수평 가마
북알 장착이 수월한 수평형 가마로 밑실을 감아둔 북알을 장착합니다.

✂ 가마의 종류

수평 가마

최근 가정용 미싱에서 주로 사용되는 수평 가마. 밑실을 쉽게 넣을 수 있고 밑실의 양을 바로 눈으로 확인할 수 있어 편리합니다. 또한 실 엉킴이 적다는 장점이 있습니다.

[북집]   [북알]

수직 가마

힘을 필요로 하는 공업용 미싱에서 주로 사용되는 수직 가마. 밑실이 감긴 북알을 북집에 넣고 다시 가마에 넣는 구조입니다. 북집이 꼭 있어야 한다는 번거로움이 있습니다.

기초 작동법

바늘 끼우기

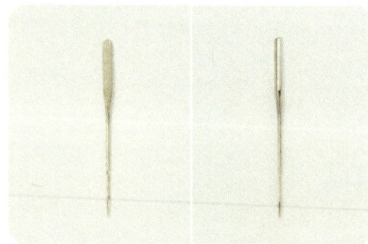
①미싱용 바늘을 준비한다.

②바늘의 평평한 면이 작업자 쪽을 향하게 한다.

③바늘이 더 이상 들어가지 않고 멈추는 위치까지 바늘을 끼워 넣고, 바늘 조임 나사를 단단히 조인다.

밑실감기

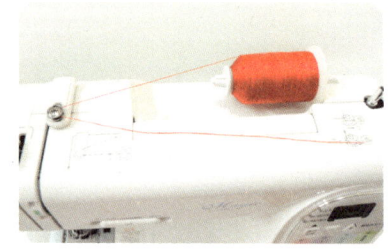
①실패꽂이에 실패를 장착하고 재봉틀에 표시된 순서대로 실을 걸어준다.

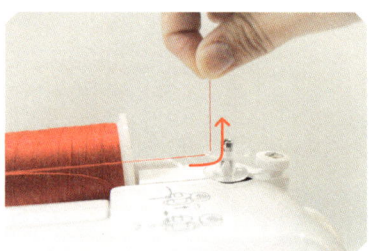
②실을 북알의 구멍 안쪽에서 바깥쪽으로 뺀 후 자동 밑실감기 장치에 북알을 장착한다.

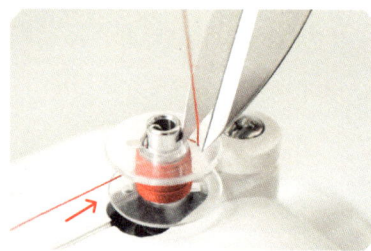
③자동 밑실감기 장치를 오른쪽으로 밀고 손으로 실의 끝부분을 잡아 실을 조금 감은 후, 잡고 있던 실을 자른다.

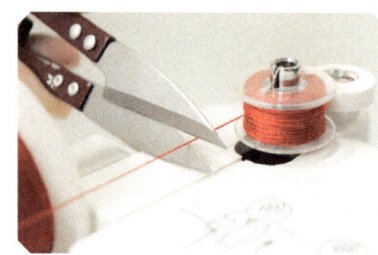
④밑실을 80% 정도 감은 후 실을 자른다 (너무 많이 감으면 봉제 시 밑실이 엉킬 수 있다).

윗실 장착하기

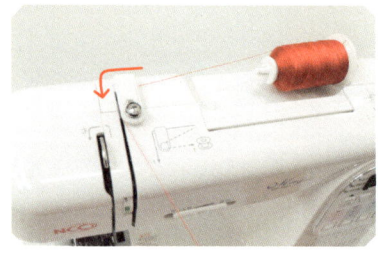
①실패꽂이에 실패를 장착하고 재봉틀에 표시된 순서대로 1번에 실을 건다.

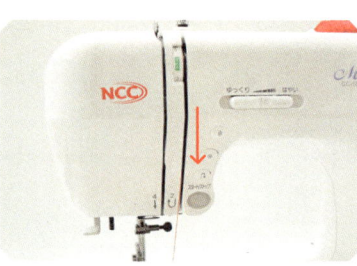
②1번에 건 실을 2번 쪽으로 내린다.

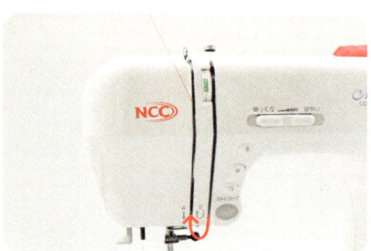
③재봉틀에 표시된 방향을 따라 실을 걸어 올린다.

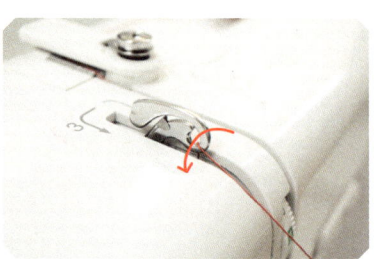
④사진과 같이 오른쪽에서 왼쪽 방향으로 실채기 레버에 실을 건다.

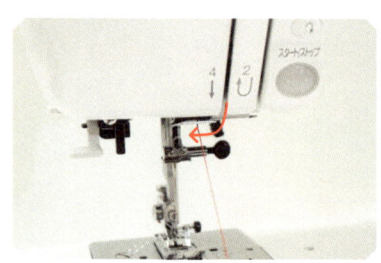
⑤실을 내려 4번 바로 밑의 실걸이 가이드에 실을 건다.

⑥바늘 위쪽의 실걸이 가이드에 실을 건다.

⑦실을 바늘구멍의 앞에서 뒤로 통과시킨다.

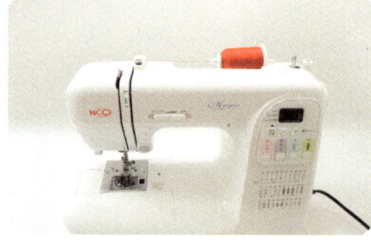
⑧윗실 장착 완료.

밑실 장착하기

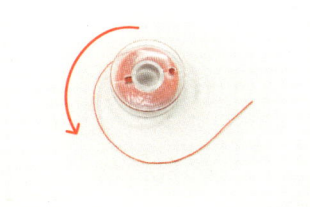 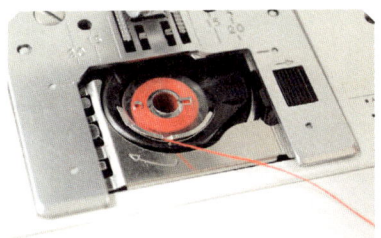 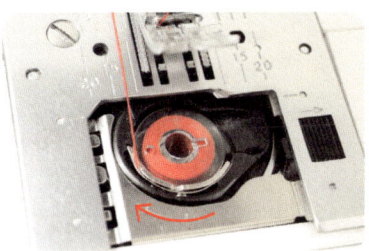 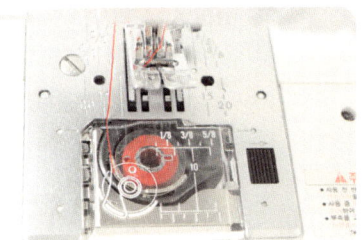

①실이 감긴 방향이 시계 반대 방향이 되도록 놓는다.

②북알을 가마에 넣는다.

③미싱에 표시된 화살표를 따라 실을 좌측 홈(돌출부)에 끼운다.

④실을 여유분이 있도록 당긴 후 투명판을 닫는다.

 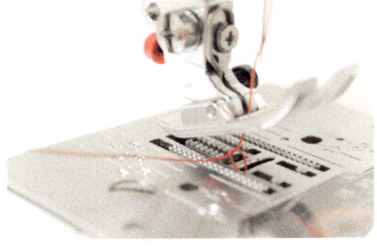 

⑤노루발을 올린 후 윗실을 잡은 채로 바늘 상하 위치 조절 버튼을 누르거나 풀리를 천천히 몸쪽으로 돌려 바늘이 침판에 꽂히게 한다.

⑥다시 바늘 상하 위치 조절 버튼을 누르거나 풀리를 천천히 돌려 바늘이 밑실과 함께 침판 밖으로 나오도록 한다.

⑦밑실을 꺼내면 밑실 장착 완료.

노루발 바꾸기

①노루발을 올린 후 노루발 변경 버튼(뒤쪽의 빨간 버튼)을 누른다.

②노루발이 분리된 모습.

③사용하고자 하는 노루발을 노루발 홈에 맞추고 노루발 레버를 내린다.

④노루발이 딸깍 소리를 내며 장착된다.

장력 조절

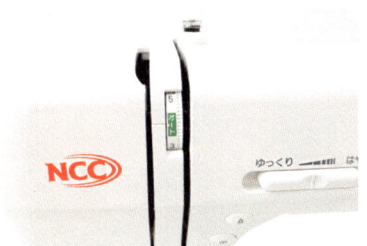 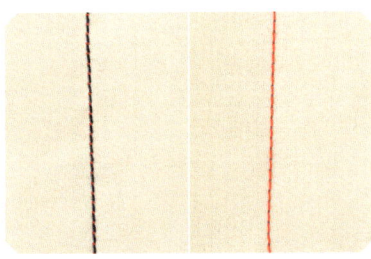 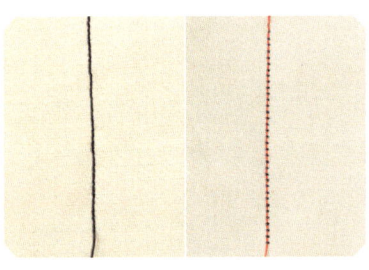 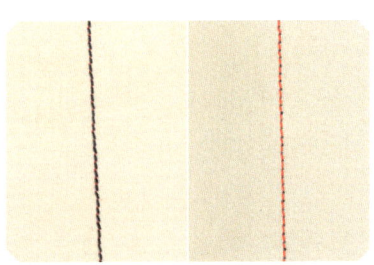

실 장력 조절 다이얼
올바른 봉제를 위해 원단의 두께와 종류에 따라 실의 장력을 조절한다(레버의 숫자가 클수록 장력이 세진다).

윗실＜밑실
윗실의 장력이 약해 윗실이 떠있는 상태. 뒷면에서 보면 밑실(검정실)이 직선으로 보이며, 윗실(빨간실)이 점으로 보인다.

윗실＞밑실
윗실의 장력이 강해 밑실이 떠있는 상태. 앞면에서 보면 윗실(빨간실)이 직선으로 보이며, 밑실(검정실)은 점으로 보인다.

윗실＝밑실
원단의 중앙에 실이 매듭지어져 있어 앞면, 뒷면 어느 쪽에서 봐도 봉합땀의 모양이 균일하게 보인다.

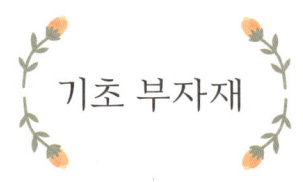

기초 부자재

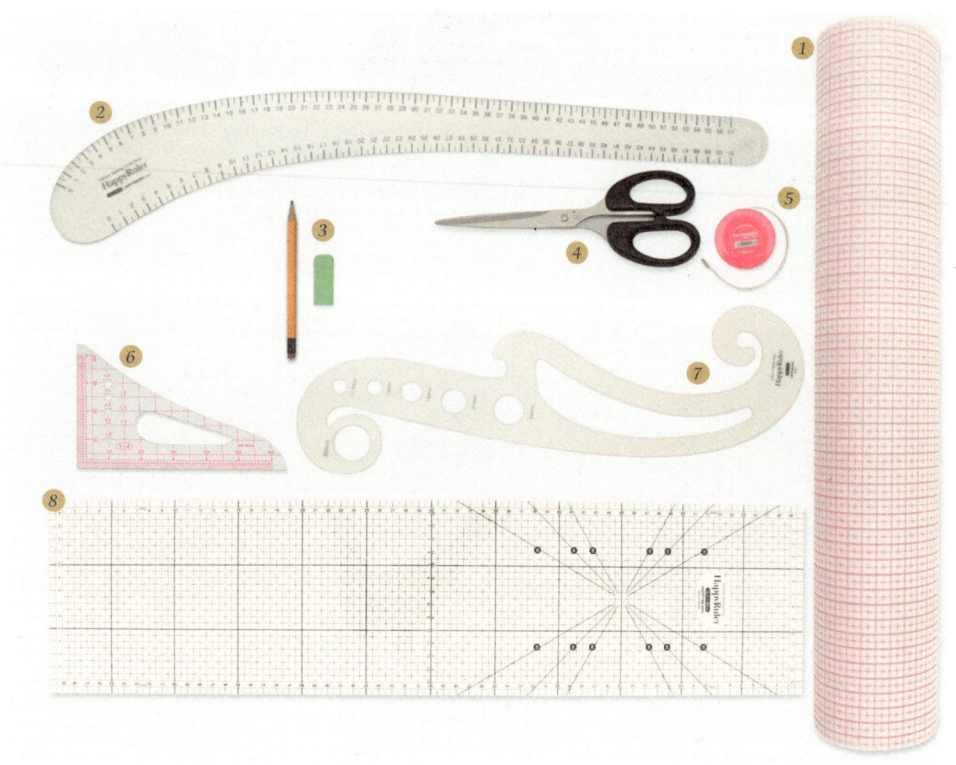

🌿 제도용품

1. **패턴지** 모눈 처리가 되어있어 작업이 용이하고, 잘 비쳐 보여 패턴을 복사하기 쉬운 부직포 패턴지를 사용하면 좋습니다.
2. **곡자** 한쪽 끝이 곡을 이루고 있는 자로 스커트 옆선, 소매 옆선, 절개선, 다트 곡선 등을 그리는데 주로 사용합니다.
3. **연필&지우개** 패턴지에 패턴을 그릴 때 사용합니다.
4. **종이가위** 패턴(종이나 부직포)을 자를 때 사용하는 가위로, 재단가위로 종이를 오리면 가위의 날이 상할 수 있으므로 가위는 반드시 패턴 재단용과 원단 재단용을 구분하여 사용합니다.
5. **줄자** 신체치수를 측정하거나 곡선의 치수를 잴 때 사용합니다.
6. **축도자** 실 사이즈의 패턴을 1/4 또는 1/5로 축도하여 자료를 남기고자 할 때 사용합니다.
7. **S자** S모양의 자로 소매산, 진동둘레 등 거의 모든 기본 곡선을 그릴 수 있으며, 사이즈별 원 모양이 있어 단추 표시를 하기 좋습니다.
8. **직각&컷팅자** 정확한 직각이 제도작업을 원활하게 합니다. 넓은 폭이 작업물의 뒤틀림 현상을 없애주어 원단 컷팅 작업에도 사용됩니다.

🌿 재단용품

1. **컷팅매트** 재단칼로 원단을 재단할 때 함께 사용하면 재단칼의 날이 손상되지 않고, 원단이 깔끔하게 재단됩니다.
2. **초크** 원단에 마름선을 표시하거나 수정할 때 사용합니다. 고체형, 샤프형, 펜형이 있으니 용도에 맞게 골라 사용하세요.
3. **핀쿠션** 자주 사용하는 시침핀, 바늘 등을 적당량 꽂아두고 필요할 때 바로 사용하세요.
4. **문진** 원단과 패턴이 서로 뒤틀리지 않도록 묵직하게 고정해주는 누름쇠입니다.
5. **시침핀&집게** 시침핀은 옷감을 고정하거나 입체 재단 시 사용합니다. 구슬핀, 실크핀 등 용도에 따라서 사용하세요. 핀 작업이 어려운 니트 원단에는 집게를 사용하면 좋습니다.
6. **초크페이퍼** 패턴을 원단에 마름질할 때 초크 대신 사용할 수 있는 상품으로, 페이퍼를 원단 아래 놓고 위에서 룰렛으로 굴려주면 원단에 완성선이 표시됩니다.
7. **룰렛** 톱니를 굴려 원단에 마킹합니다. 초크페이퍼와 함께 사용하세요. 톱니형과 원반형으로 두 가지 타입이 있습니다. 원반형은 헤라로도 사용 가능합니다.
8. **재단칼** 재단가위 대신 원단을 재단할 때 사용하며, 여러 겹의 원단을 한 번에 컷팅할 수 있어 편리합니다. 컷팅매트와 함께 사용하세요.
9. **재단가위** 원단 재단에 사용하는 전용가위로 자신의 손에 맞는 크기의 가위를 사용하는 것이 좋습니다. 왼손용, 오른손용으로 두 가지 타입이 있습니다.

봉제용품

1. **뒤집개 & 끼우개** 원단으로 리본 등을 만들 때 좁은 폭의 원단을 쉽게 뒤집을 수 있고, 작품에 고무줄이나 끈을 끼워 넣을 때 편리하게 작업할 수 있습니다.
2. **손바늘** 작품의 마무리 또는 장식 작업 시 자주 사용되므로 사이즈별로 준비해두세요.
3. **직물전용 본드풀 & 매직테이프** 시침핀을 꽂기 힘든 곳, 지퍼 및 시접 등 임시고정이 필요한 부분에 사용하면 원단의 밀림 없이 봉제를 편하게 할 수 있습니다. 수용성 재질로 세탁 후 완전히 제거됩니다.
4. **손바느질용 봉제실** 기본적으로 가장 많이 사용되는 색상은 휴대가 편리한 소형 사이즈로 준비해두고 간편하게 사용하세요.
5. **골무** 손바느질을 할 때 손가락 끝을 보호해주어 작업의 능률을 높입니다. 가죽, 금속, 고무 등 다양한 재질이 있으니 용도에 맞게 골라 사용하세요.
6. **쪽가위** 작업 중 가장 많이 사용되는 가위로, 깔끔한 마무리 작업을 위해 꼭 필요합니다.
7. **실뜯개** 봉제가 잘못되어 바늘땀을 뜯어야 할 때나, 단춧구멍을 자를 때 유용하게 사용됩니다.
8. **아이론시접자** 정확한 치수체크와 함께 다림질로 손쉽게 시접부분을 만들 수 있도록 도와주는 열에 강한 시접자입니다.

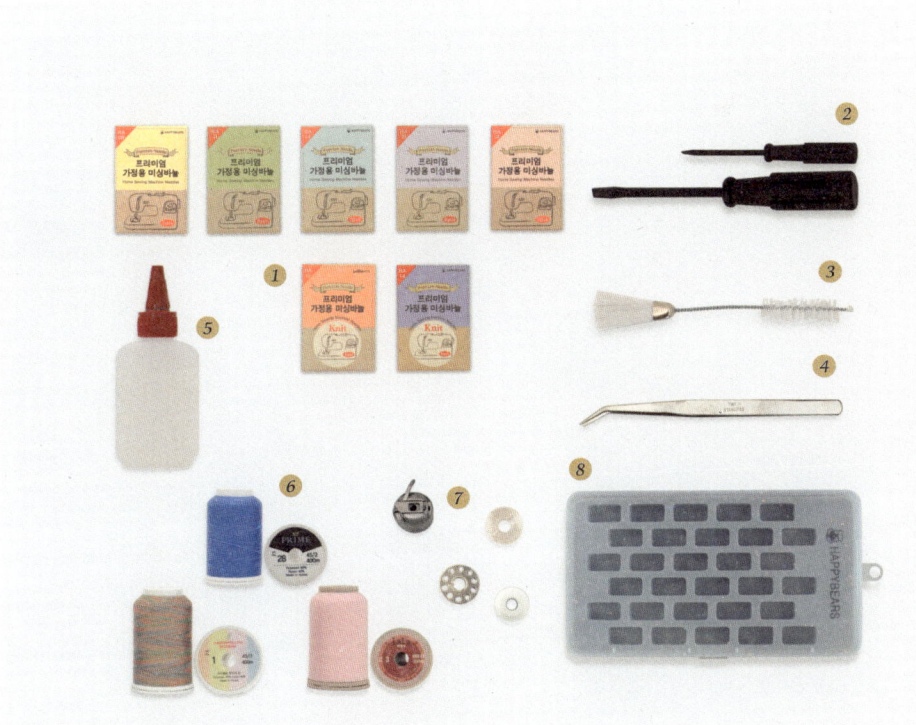

미싱용품

1. **미싱바늘** 공업용과 가정용을 잘 구분하여 사용해야 합니다. 원단의 소재와 두께에 따라 9/11/14/16/18호의 바늘을 맞춰 사용하세요. 니트원단에는 니트용 바늘을 사용하세요.
2. **드라이버** 노루발과 미싱바늘을 교체할 때 사용합니다.
3. **크리닝브러시** 봉제 후 미싱에 쌓인 먼지를 청소할 때 사용하는 미싱 청소용 브러시입니다.
4. **핀셋** 일반 미싱이나 오버록에 실을 끼울 때나, 미싱의 세밀한 곳을 작업할 때 사용합니다.
5. **미싱기름** 미싱의 소음이나 마찰을 완화시켜줍니다.
6. **미싱용 봉제실** 원단의 소재와 두께 및 작업 용도에 맞게 골라 사용합니다.
7. **북집(보빈케이스)** 공업용과 가정용을 잘 구분하여 사용해야 합니다. 북집이 필요 없는 미싱 기종도 있으니 확인 후 사용하세요.
8. **북알(보빈)&북알케이스** 북알은 공업용과 가정용을 잘 구분하여 사용해야 하며, 밑실은 윗실 컬러에 맞춰 바로 사용할 수 있도록 다양하게 감아서 준비해두면 좋습니다. 북알케이스에 보관하면 편리합니다.

How to make

일러스트 제작 설명서

설명서에 표기된
재단배치도의 요척과 재료의 양은
가장 큰 사이즈의 패턴을
기준으로 작성되어 있습니다.

다른 사이즈의 패턴으로 제작 시
약간의 차이가 있을 수 있습니다.

No.01 핀쿠션

화보 p.12 / 실물크기 패턴 A면
자수 스티치(p.72): 2, 8

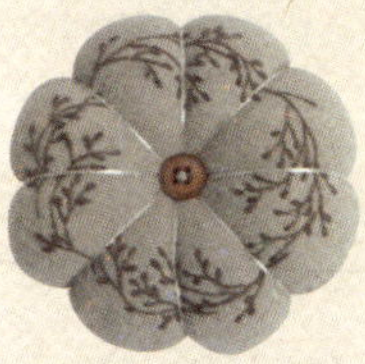

완성사이즈
10cm×10cm

재료
몸판감 30cm×15cm
커버링심지 30cm×15cm
25번사 면자수실 적당량
은사 적당량
방울솜 적당량
지름1.1cm 단추 2개

만드는 방법
1 몸판을 만든다
2 몸판에 실을 감는다

재단배치도

※원단은 안쪽면을 기준으로 재단합니다
※○안의 숫자는 시접양입니다.
숫자가 없는 곳은 1cm의 시접으로 재단합니다

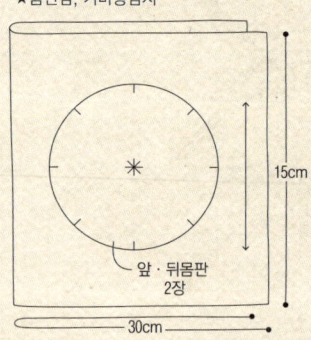

★몸판감, 커버링심지
앞·뒷몸판 2장
15cm
30cm

---

1 몸판을 만든다

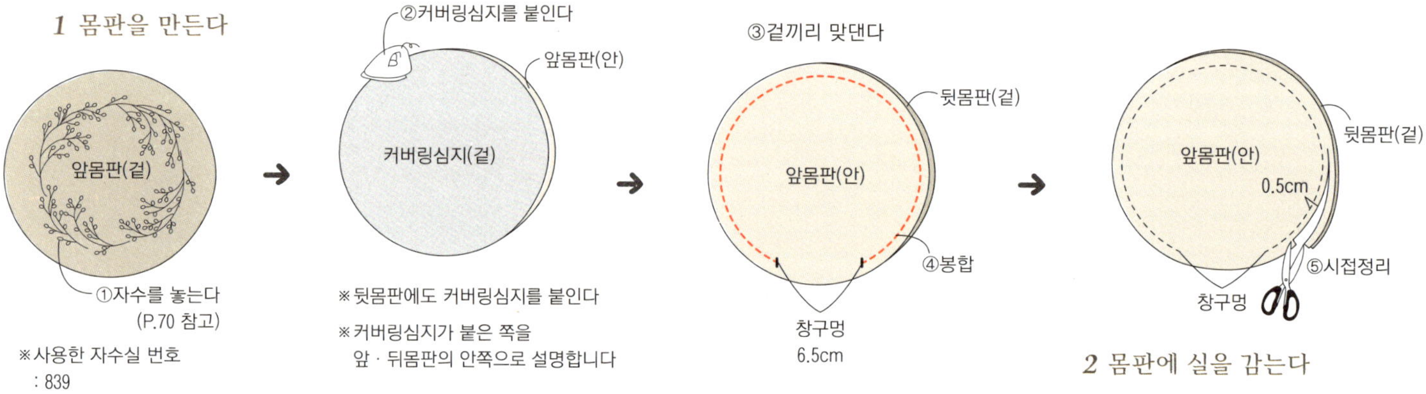

①자수를 놓는다 (P.70 참고)
※사용한 자수실 번호 : 839

②커버링심지를 붙인다
앞몸판(안)
※뒷몸판에도 커버링심지를 붙인다
※커버링심지가 붙은 쪽을 앞·뒷몸판의 안쪽으로 설명합니다

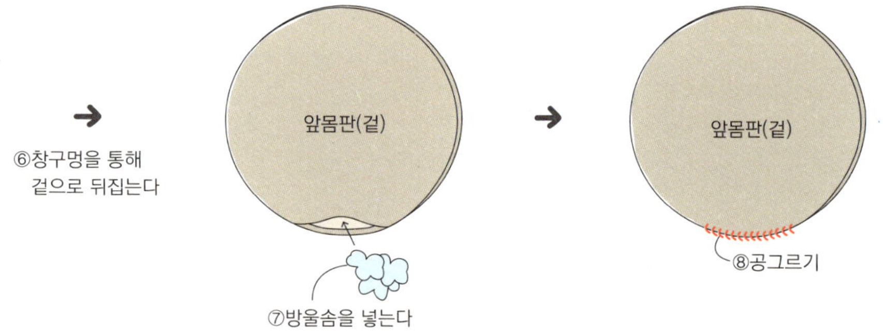

③겉끼리 맞댄다
뒷몸판(겉)
앞몸판(안)
④봉합
창구멍 6.5cm

뒷몸판(겉)
앞몸판(안)
0.5cm
⑤시접정리
창구멍

⑥창구멍을 통해 겉으로 뒤집는다
앞몸판(겉)
⑦방울솜을 넣는다

앞몸판(겉)
⑧공그르기

2 몸판에 실을 감는다

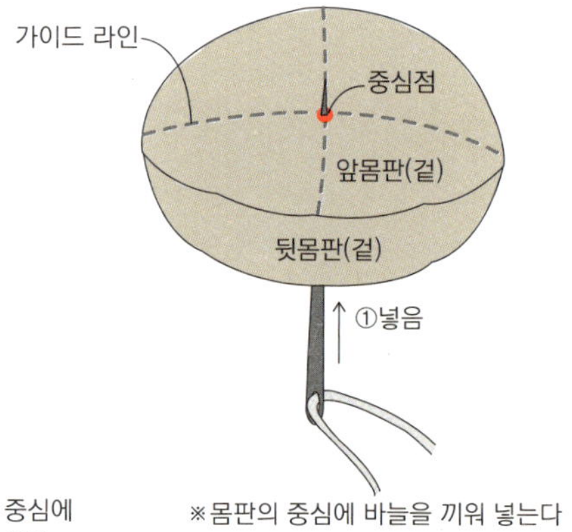

가이드 라인
중심점
앞몸판(겉)
뒷몸판(겉)
①넣음
※몸판의 중심에 바늘을 끼워 넣는다

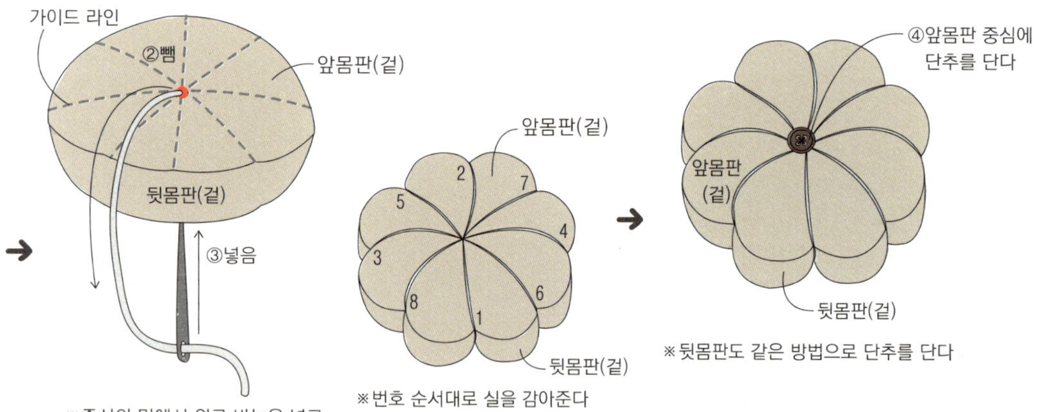

가이드 라인
②뺌
앞몸판(겉)
뒷몸판(겉)
③넣음
※중심의 밑에서 위로 바늘을 넣고 빼면서 2번씩 감아 8등분 해준다

앞몸판(겉)
뒷몸판(겉)
※번호 순서대로 실을 감아준다

④앞몸판 중심에 단추를 단다
앞몸판(겉)
뒷몸판(겉)
※뒷몸판도 같은 방법으로 단추를 단다

완성

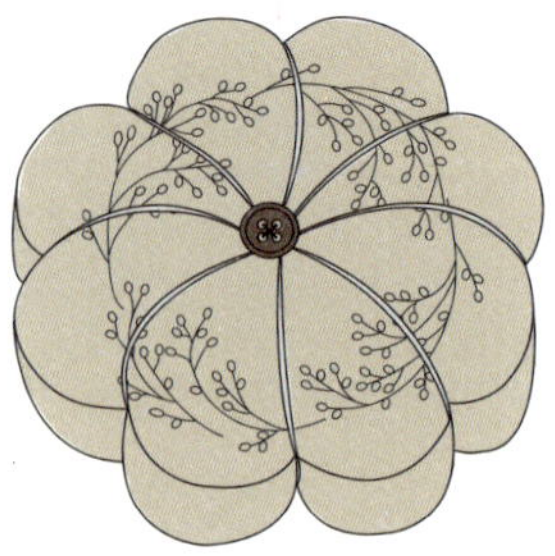

No.02 가위집

화보 p.12 / 실물크기 패턴 A면
자수 스티치(p.72) : 2, 8

완성사이즈
4.3cm×6.7cm

재료
겉몸판감 10cm×20cm
안몸판감 20cm×15cm
배색천 10cm×5cm
커버링심지 20cm×15cm
25번사 면자수실 적당량
은사 적당량

만드는 방법
1 몸판을 만든다
2 겉몸판과 안몸판을 연결한다

재단배치도

※원단은 안쪽면을 기준으로 재단합니다
※○안의 숫자는 시접양입니다.
  숫자가 없는 곳은 1cm의 시접으로 재단합니다

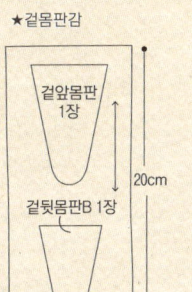
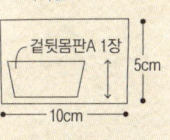
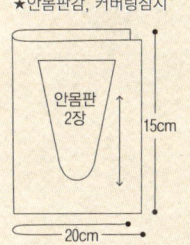

1 몸판을 만든다

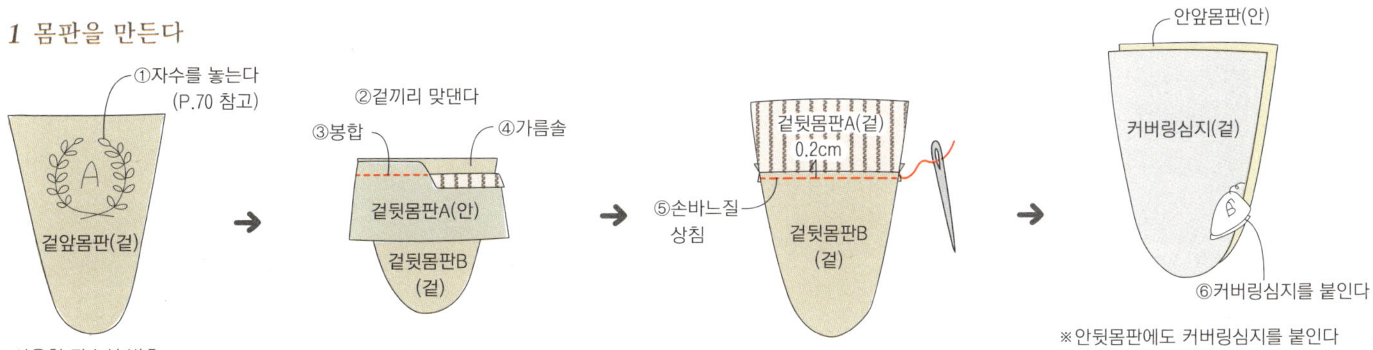

①자수를 놓는다 (P.70 참고)
겉앞몸판(겉)
※사용한 자수실 번호 : 839

②겉끼리 맞댄다
③봉합
④가름솔
겉뒷몸판A(안)
겉뒷몸판B(겉)

⑤손바느질 상침
겉뒷몸판A(겉) 0.2cm
겉뒷몸판B(겉)

커버링심지(겉)
⑥커버링심지를 붙인다
※안뒷몸판에도 커버링심지를 붙인다
※커버링심지가 붙은 쪽을 안몸판의 안쪽으로 설명합니다

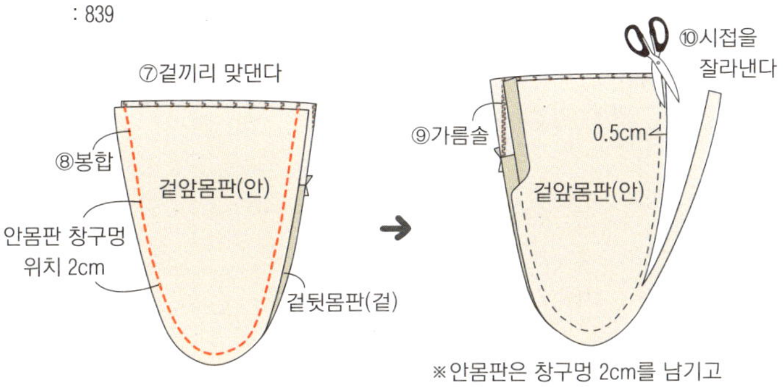

⑦겉끼리 맞댄다
⑧봉합
겉앞몸판(안)
안몸판 창구멍 위치 2cm
겉뒷몸판(겉)

⑨가름솔 0.5cm
⑩시접을 잘라낸다
겉앞몸판(안)
※안몸판은 창구멍 2cm를 남기고 ⑦~⑩과정과 같은 방법으로 만든다

2 겉몸판과 안몸판을 연결한다

①겉끼리 맞댄다
안앞몸판(안)
창구멍
겉앞몸판(겉)

②봉합
겉뒷몸판(안)
안앞몸판(안)
창구멍

③창구멍을 통해 뒤집는다
④공그르기
안앞몸판(겉)
겉앞몸판(겉)

⑤겉감 안에 안감을 집어 넣는다
안앞몸판(겉)
겉앞몸판(겉)

완성

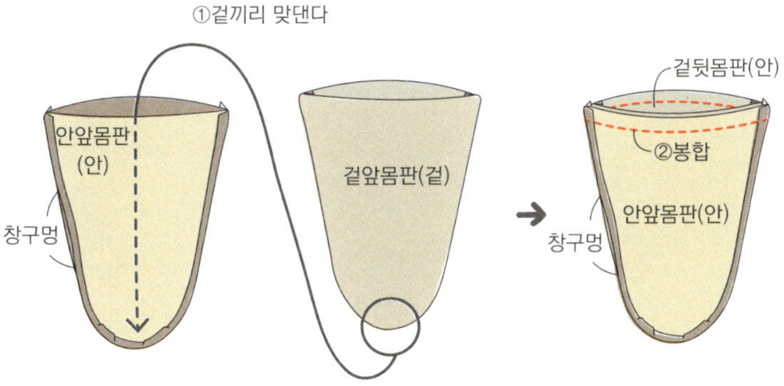

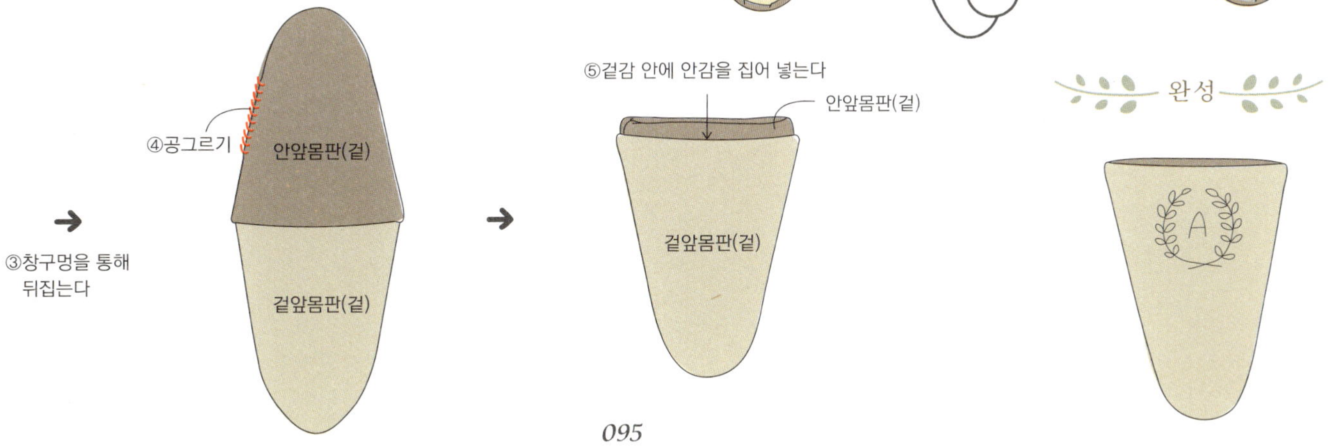

No.03 자수 라벨

화보 p.14 / 실물크기 패턴 C면
자수 스티치(p.72) : 1, 2, 6, 16

완성사이즈

7cm × 10cm

재료

몸판감 25cm × 18cm
양면 멜트 필름 10cm × 14cm
25번사 면자수실 적당량
30cm길이 끈 1개
3호 아일렛 1쌍
스탬프 세트 1개

만드는 방법

1 몸판을 만든다
2 몸판에 끈을 단다

재단배치도 ※원단은 안쪽면을 기준으로 재단합니다

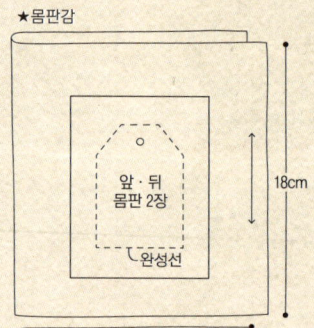

※ 앞·뒤몸판은 시접 없이 재단합니다

1 몸판을 만든다

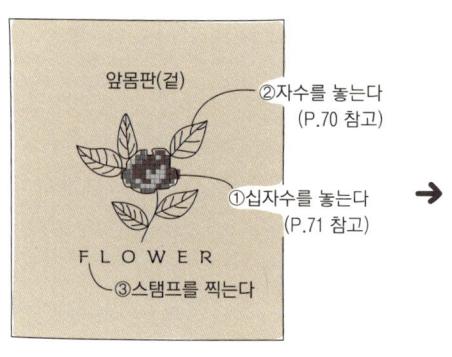

※ 꽃잎은 십자수를 놓고, 나머지는 자수로 놓는다

※ 사용한 자수실 번호
 : 3328, 347, 815, 938, 3755, 312

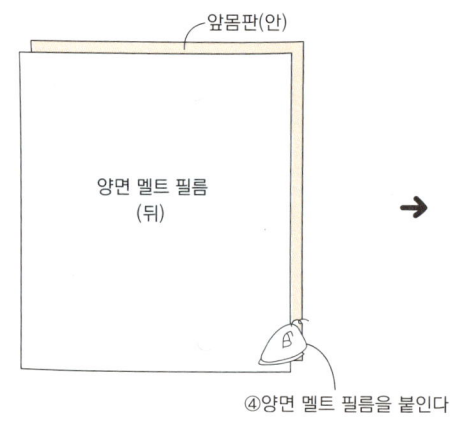

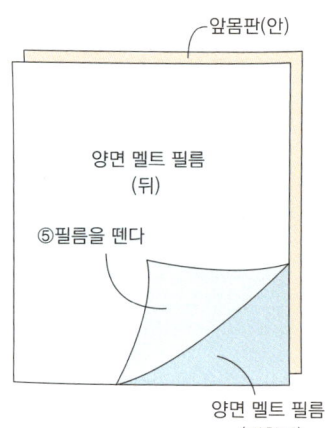

※ 양면 멜트 필름이 붙은 쪽을
앞몸판의 안쪽으로 설명합니다

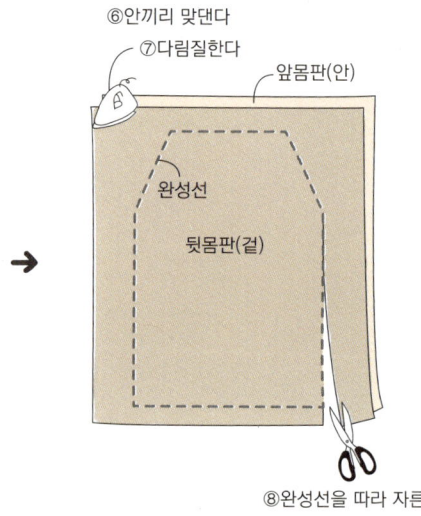

2 몸판에 끈을 단다

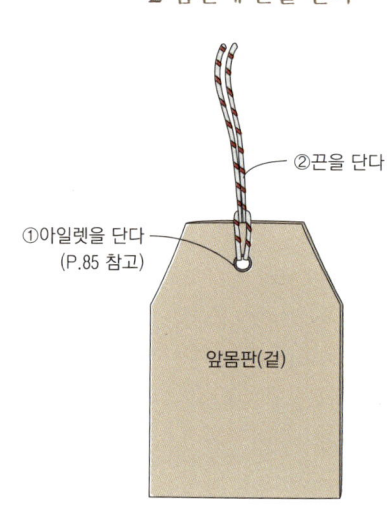

완성

No.04 바늘집

화보 p.14 / 실물크기 자수도안 D면
(직접 제도하여 사용합니다)
자수 스티치(p.72) : 1, 2, 4, 8

완성사이즈
9cm×9cm

재료
겉·안몸판감 25cm×15cm
펠트지 40cm×12cm
커버링심지 25cm×15cm
톡톡솜 3호 25cm×15cm
25번사 면자수실 적당량
7cm길이 끈 1개
지름1.1cm 단추 1개

만드는 방법
1 몸판을 만든다
2 몸판을 연결한다

재단배치도

※원단은 안쪽면을 기준으로 재단합니다
※○안의 숫자는 시접양입니다.
숫자가 없는 곳은 1cm의 시접으로 재단합니다

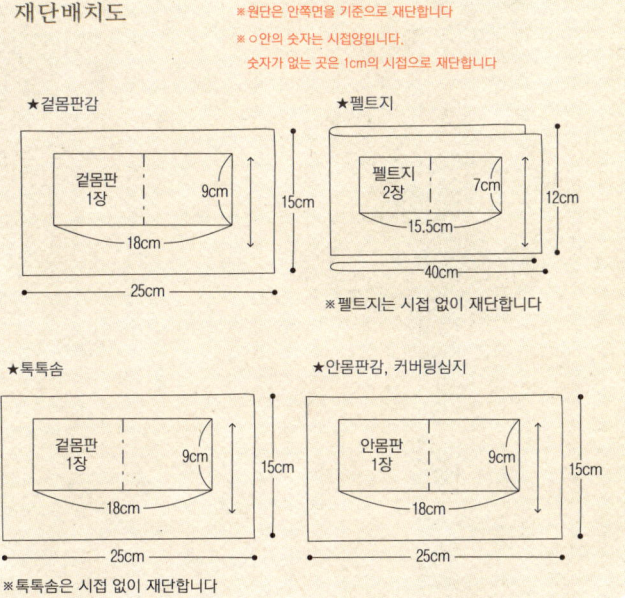

※펠트지는 시접 없이 재단합니다
※톡톡솜은 시접 없이 재단합니다

1 몸판을 만든다

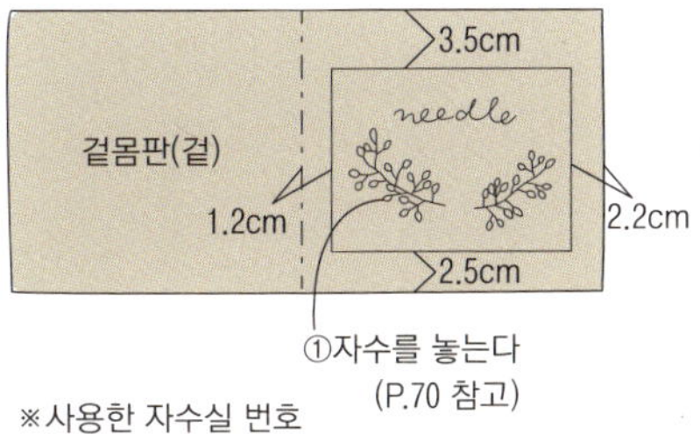

①자수를 놓는다 (P.70 참고)
※사용한 자수실 번호 : 3031

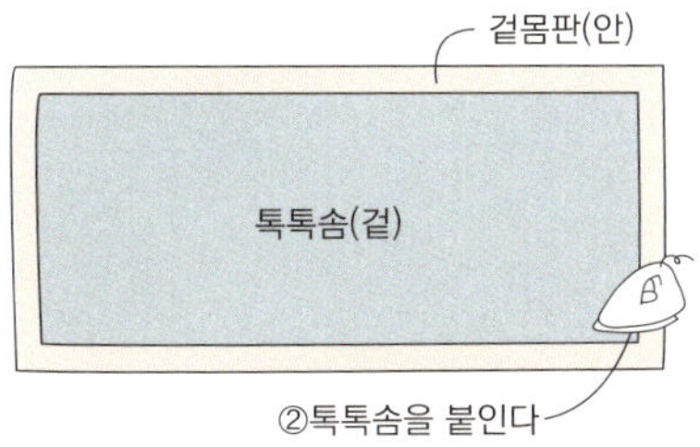

②톡톡솜을 붙인다
※톡톡솜이 붙은 쪽을 겉몸판의 안쪽으로 설명합니다

③커버링심지를 붙인다 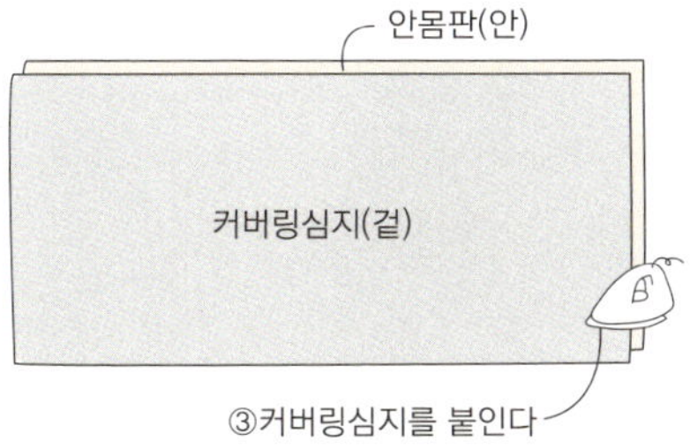
※커버링심지가 붙은 쪽을 안몸판의 안쪽으로 설명합니다

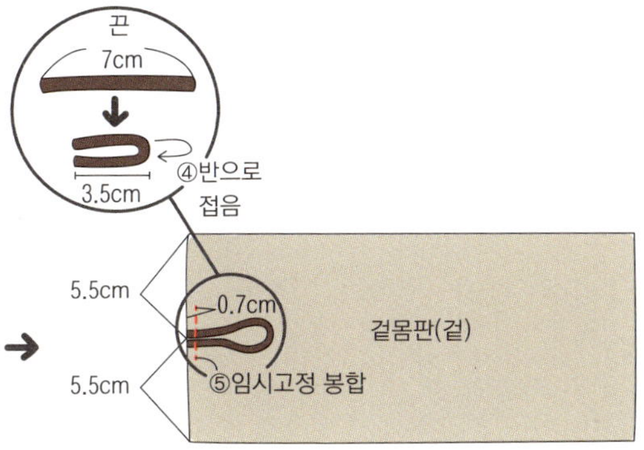

끈 7cm
④반으로 접음 3.5cm
⑤임시고정 봉합

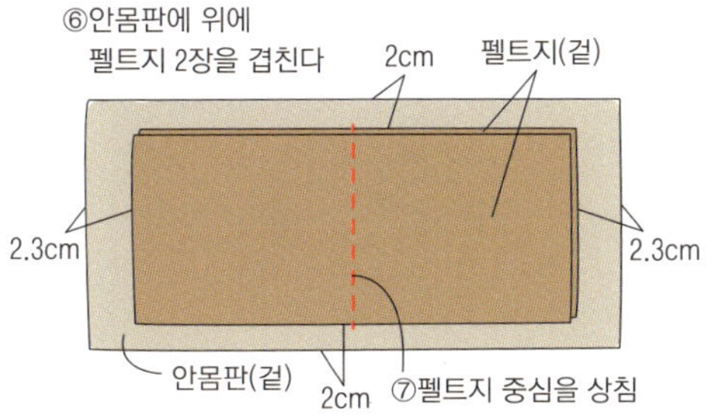

⑥안몸판에 위에 펠트지 2장을 겹친다
⑦펠트지 중심을 상침

2 몸판을 연결한다

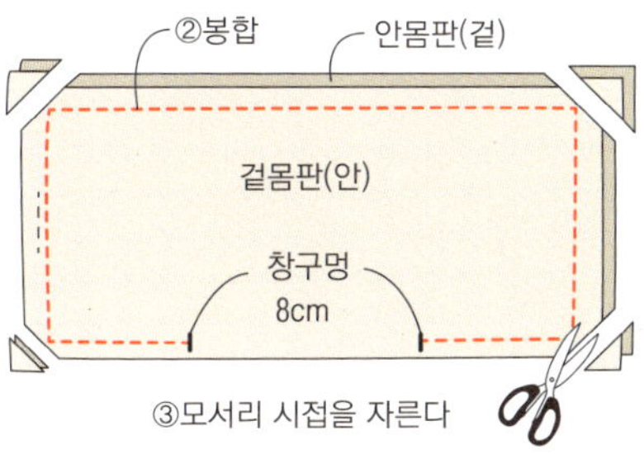

①겉끼리 맞댄다
②봉합
창구멍 8cm
③모서리 시접을 자른다

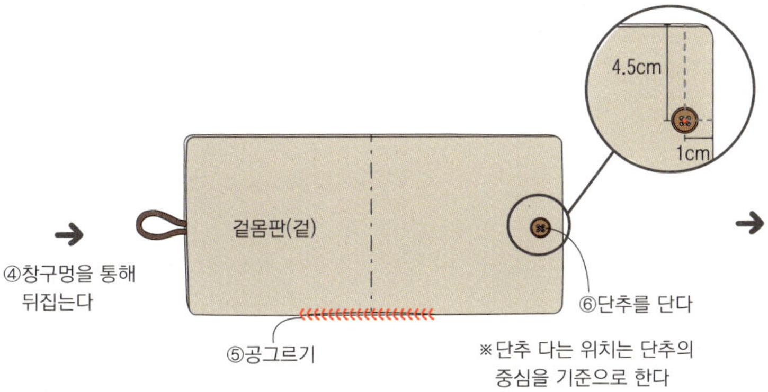

④창구멍을 통해 뒤집는다
⑤공그르기
⑥단추를 단다
※단추 다는 위치는 단추의 중심을 기준으로 한다

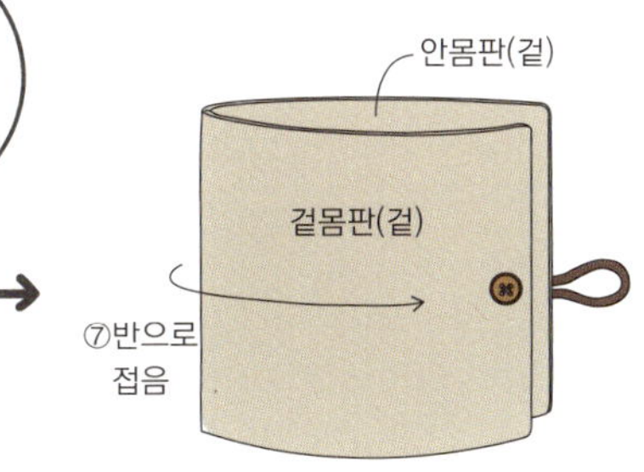

⑦반으로 접음

완성

No.05 프레임 파우치

화보 p.16 / 실물크기 패턴 C면
자수 스티치(p.72):16

완성사이즈
21.5cm×15cm

재료
겉·안몸판감 55cm×20cm
2온스 접착 퀼팅솜 55cm×20cm
커버링심지 55cm×20cm
25번사 면자수실 적당량
지름10.5cm 프레임 1개
태슬 장식 1개
본드풀 1개

만드는 방법
1 몸판을 만든다
2 겉몸판과 안몸판을 연결한다
3 몸판에 프레임을 끼운다

재단배치도

※원단은 안쪽면을 기준으로 재단합니다
※ㅁ안의 숫자는 시접양입니다.
　숫자가 없는 곳은 1cm의 시접으로 재단합니다

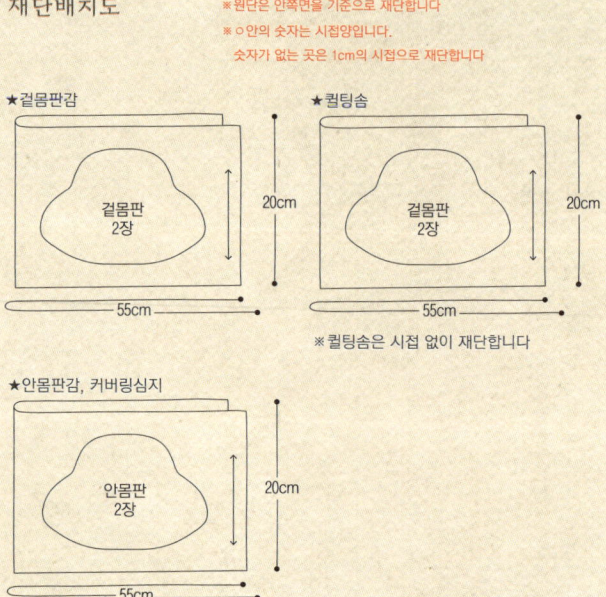

1 몸판을 만든다

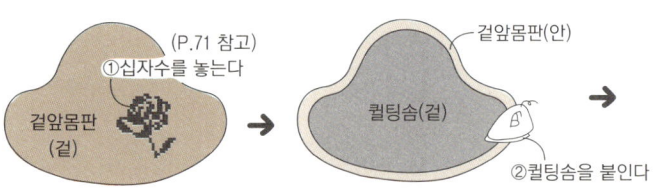 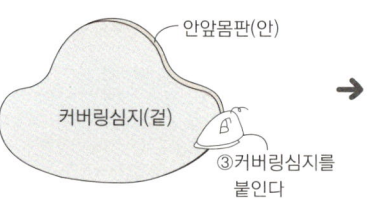 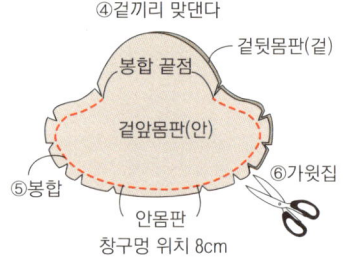

2 겉몸판과 안몸판을 연결한다

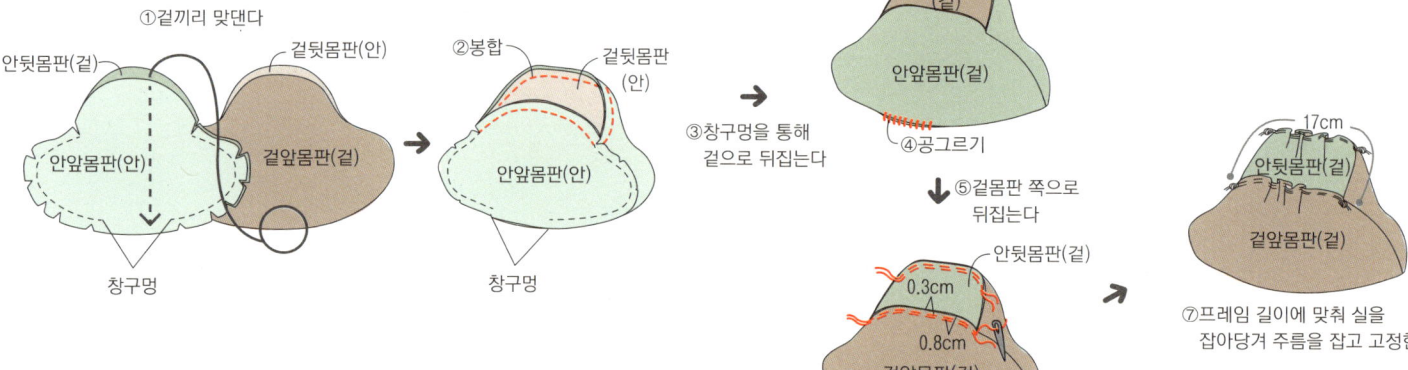

3 몸판에 프레임을 끼운다

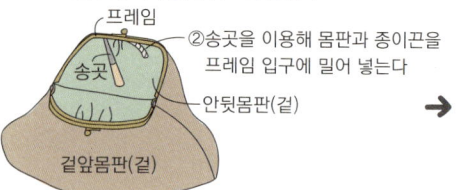 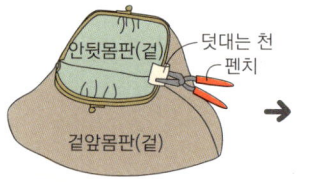 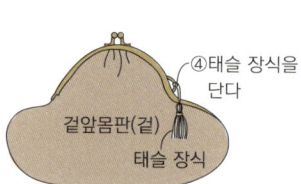 

완성

No.06 스트링 파우치

화보 p.18 / 실물크기 패턴 C면
자수 스티치(p.72):1, 2, 8, 9, 14

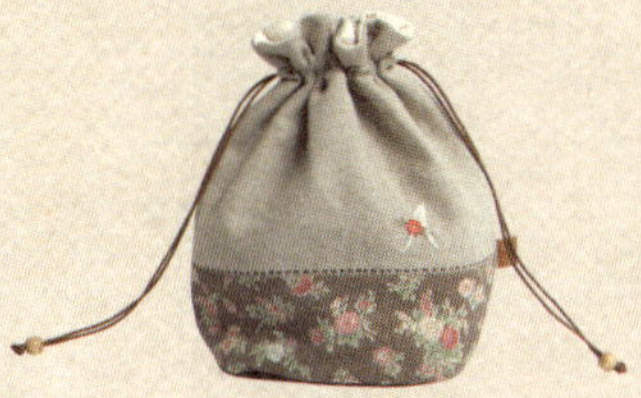

완성사이즈
27cm×25cm×15cm

재료
겉몸판감 70cm×25cm
안몸판감 70cm×60cm
배색천1 70cm×15cm
배색천2 25cm×25cm
커버링심지 70cm×90cm
25번사 면자수실 적당량
2cm폭 라벨 1개
45cm길이 둥근 스트링 끈 1팩
나무볼 2개

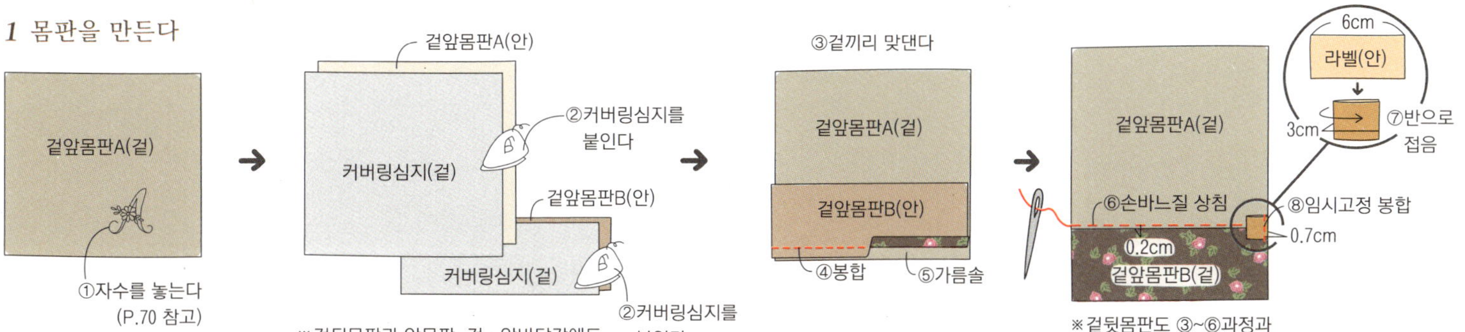

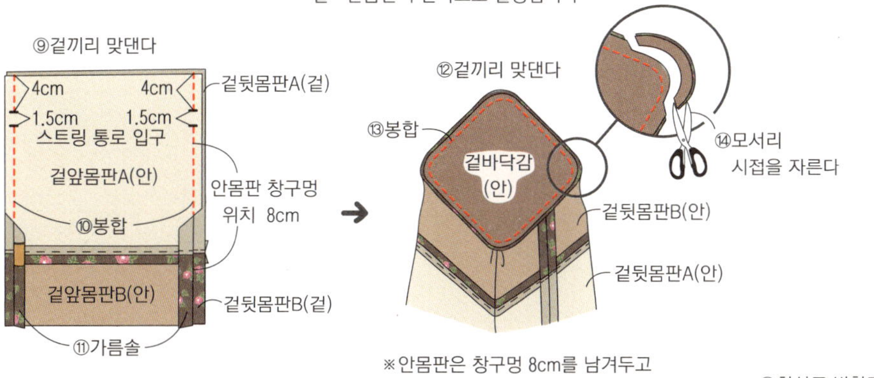

만드는 방법
1 몸판을 만든다
2 겉몸판과 안몸판을 연결한다

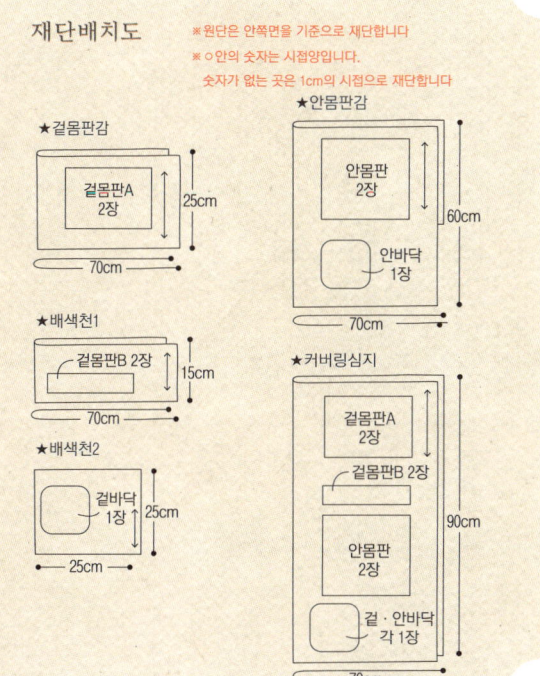

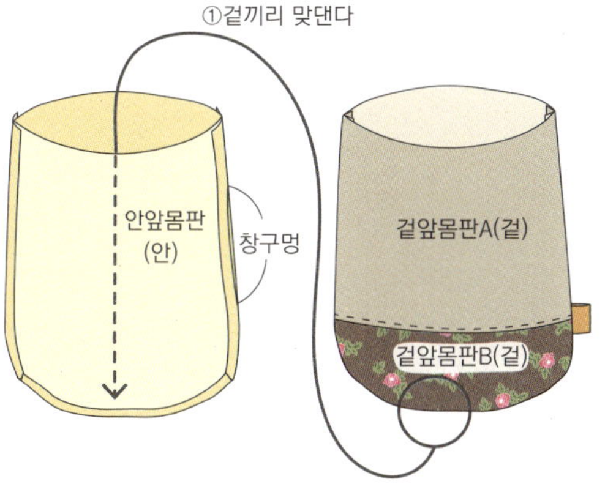

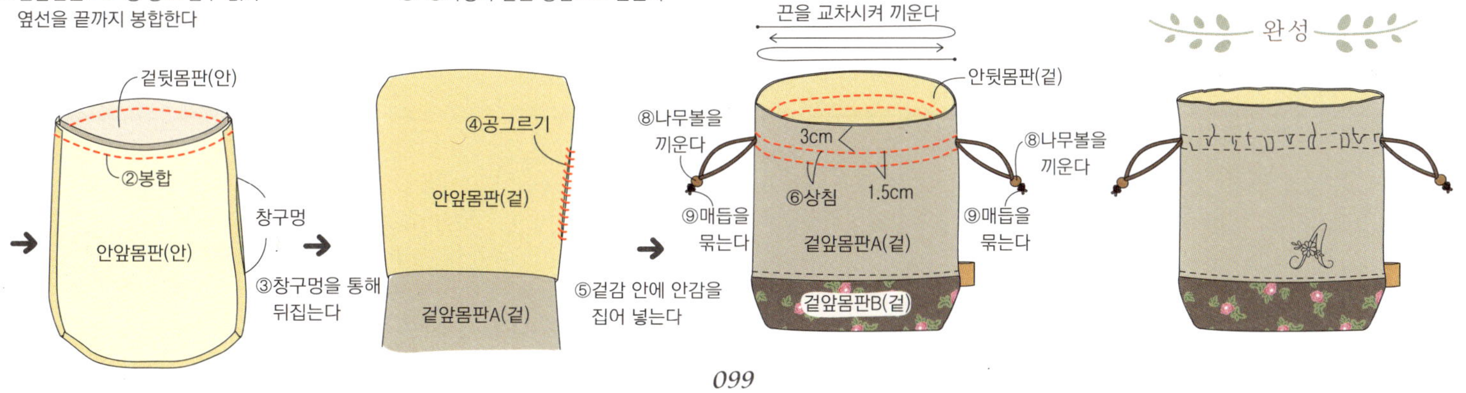

No.07 지퍼 파우치

화보 p.20 / 실물크기 패턴 C면
(지퍼 마감천은 직접 제도합니다)
자수 스티치(p.72):1

완성사이즈
26cm×18cm

재료
겉·안몸판감 70cm×35cm
가방심지 70cm×35cm
지퍼 마감천 16cm×8cm
커버링심지 70cm×35cm
2온스 접착 퀼팅솜 70cm×35cm
25번사 면자수실 적당량
아플리케 원단 적당량
30cm길이 지퍼 1개
1cm폭 D링 1개
1cm폭 가죽끈 1개
1cm폭 가죽 라벨 1개
0.5cm폭 워셔블 매직테이프 1개
참 장식 1개

만드는 방법
1 몸판을 만든다
2 몸판에 지퍼를 단다
3 겉몸판과 안몸판을 연결한다

재단배치도
※ 원단은 안쪽면을 기준으로 재단합니다
※ ○안의 숫자는 시접양입니다.
  숫자가 없는 곳은 1cm의 시접으로 재단합니다

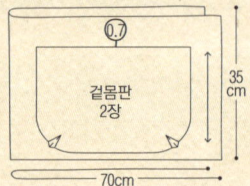
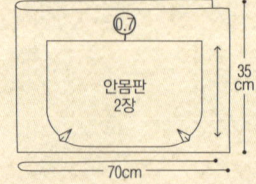
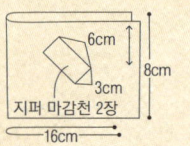

※ 지퍼 마감천은 바이어스 방향으로 시접 없이 재단합니다

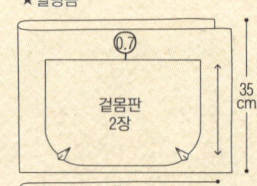

※ 퀼팅솜은 시접 없이 재단합니다

1 몸판을 만든다

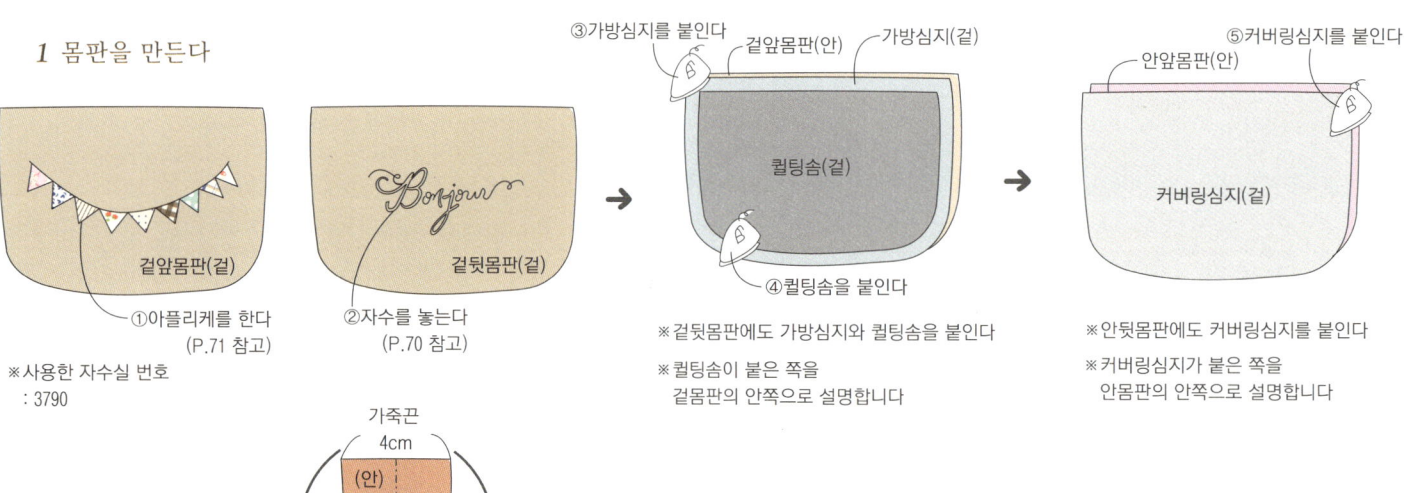

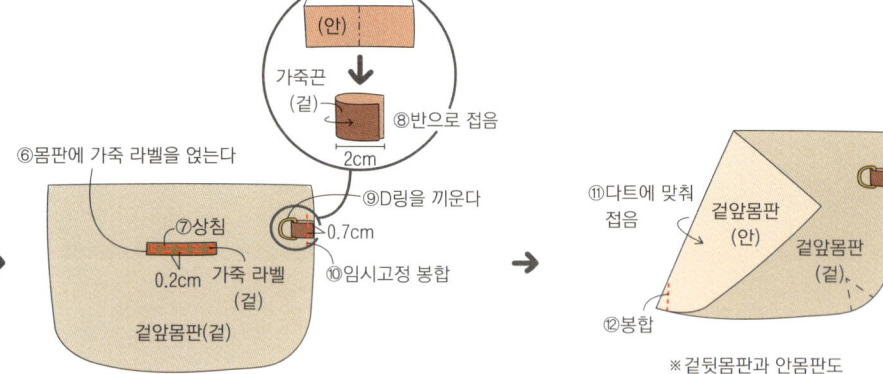

2 몸판에 지퍼를 단다

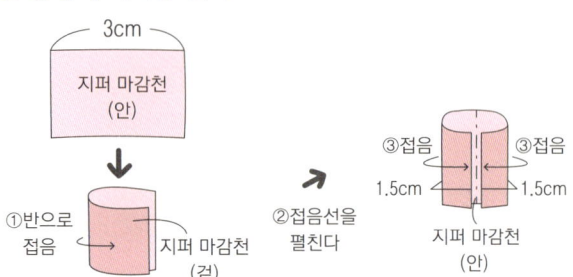
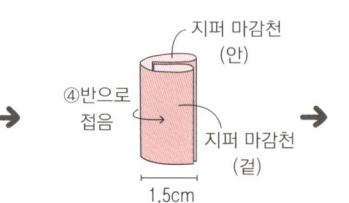
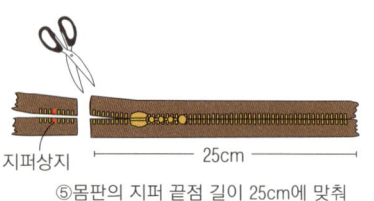

No.07 지퍼 파우치

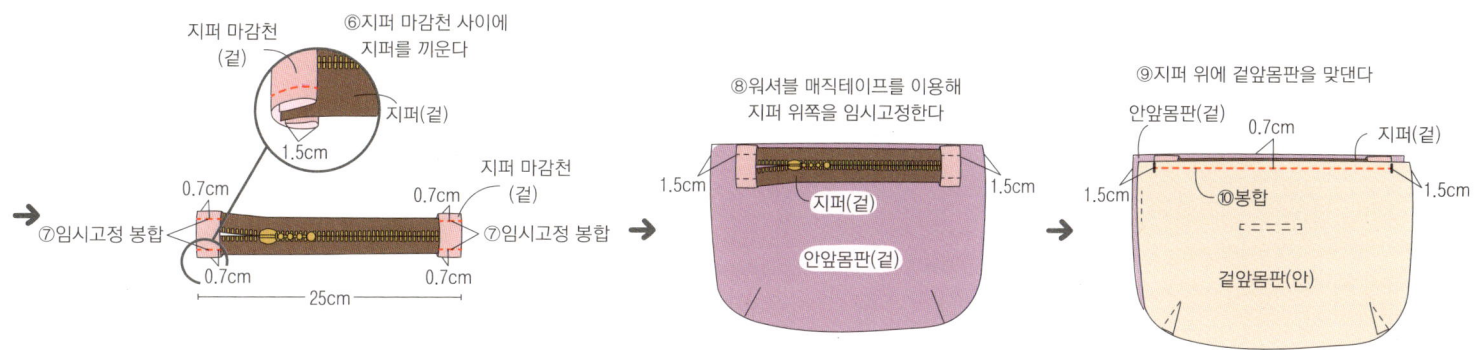

3 겉몸판과 안몸판을 연결한다

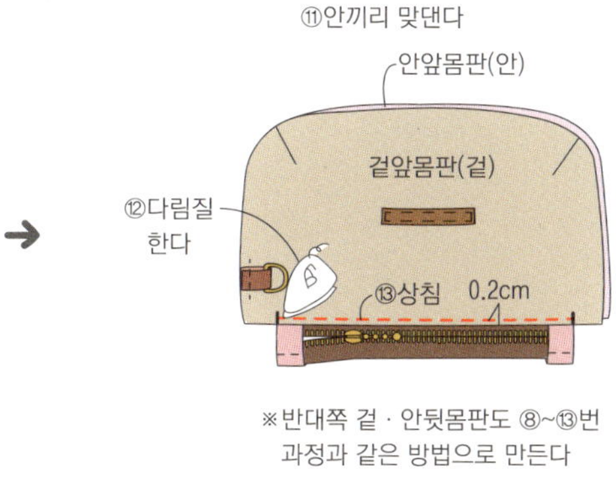

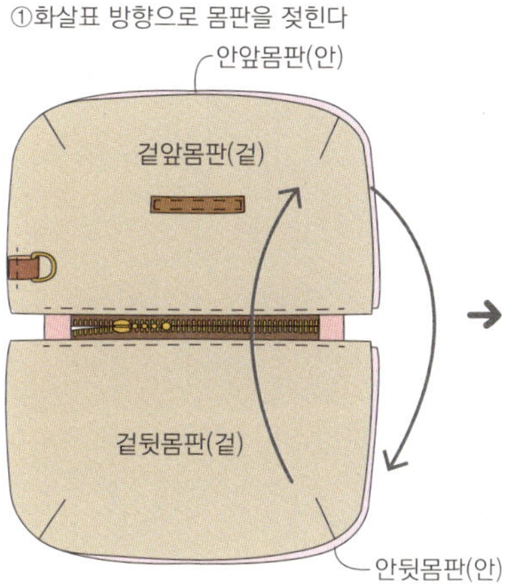

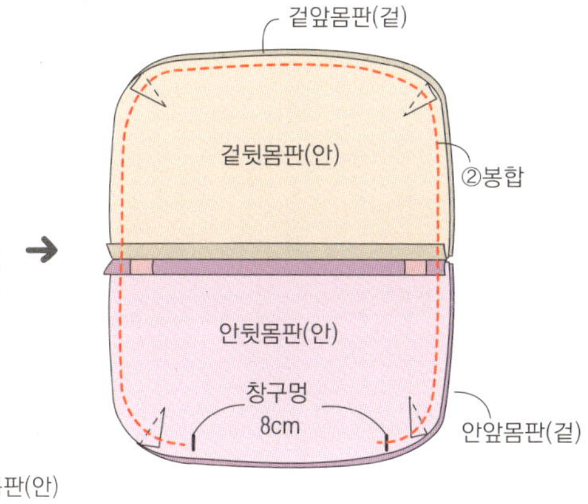

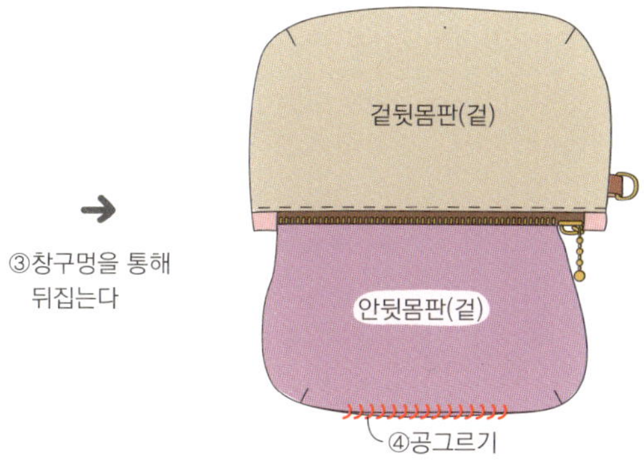

No.08 티매트 5종

화보 p.24 / 실물크기 자수도안 D면
(직접 제도하여 사용합니다)
자수 스티치 (p.72): 1

완성사이즈

14cm×14cm

재료

몸판감 40cm×20cm
커버링심지 40cm×20cm
25번사 면자수실 적당량
아플리케 원단 적당량
2cm폭 라벨 1개

만드는 방법

1 몸판을 만든다
2 몸판을 연결한다

재단배치도

※ 원단은 안쪽면을 기준으로 재단합니다
※ ○안의 숫자는 시접양입니다.
   숫자가 없는 곳은 1cm의 시접으로 재단합니다

★몸판감, 커버링심지

앞·뒤몸판 2장 14cm × 14cm 20cm 40cm

1 몸판을 만든다

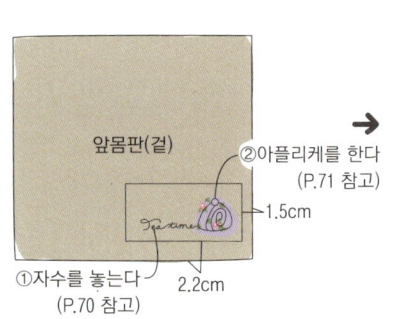

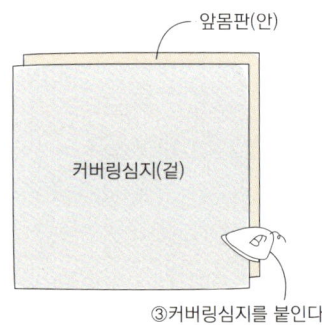

※ 뒷몸판에도 커버링심지를 붙인다
※ 커버링심지가 붙은 쪽을 몸판의 안쪽으로 설명합니다

2 몸판을 연결한다

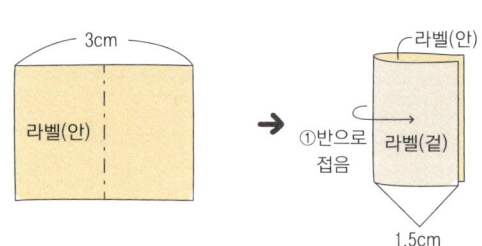

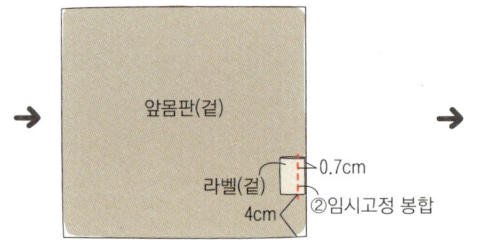

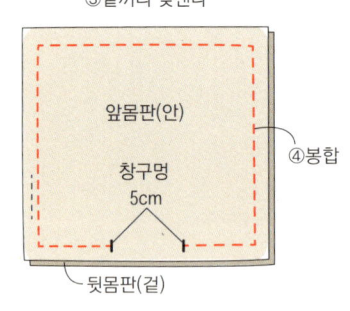

③겉끼리 맞댄다

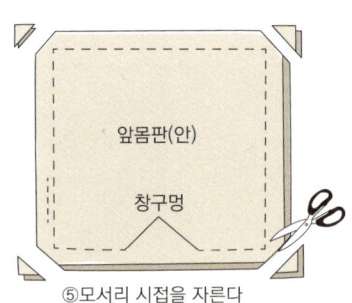

⑥창구멍을 통해 겉으로 뒤집는다
⑦공그르기

완성

No.09 커피필터 케이스 2종

화보 p.26 / 실물크기 패턴 C면
자수 스티치(p.72):1, 7

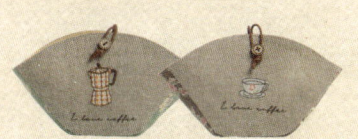

완성사이즈

18.5cm×11cm×5.5cm

재료

겉몸판감 50cm×15cm
안몸판감 60cm×25cm
배색천 60cm×15cm
가방심지1 50cm×15cm
가방심지2 60cm×15cm
커버링심지 60cm×25cm
25번사 면자수실 적당량
아플리케 원단 적당량
지름1.2cm 단추 1개
25cm길이 면끈
2cm폭 라벨 1개

만드는 방법

1 몸판을 만든다
2 겉몸판과 안몸판을 연결한다

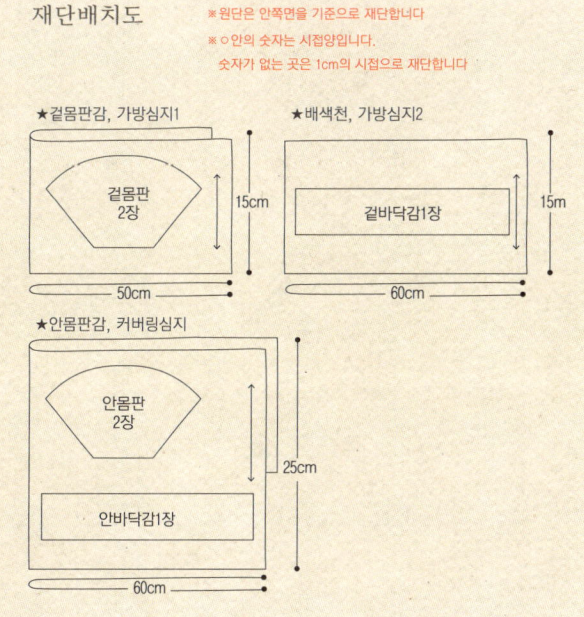

재단배치도

※원단은 안쪽면을 기준으로 재단합니다
※○안의 숫자는 시접양입니다.
숫자가 없는 곳은 1cm의 시접으로 재단합니다

1 몸판을 만든다

※사용한 자수실 번호
:〈앞〉3790
〈뒤〉3031, 321

※겉뒷몸판과 겉바닥감도 가방심지를 붙인다
※가방심지가 붙은 쪽을 겉몸판의 안쪽으로 설명합니다

※안뒷몸판과 안바닥감도 커버링심지를 붙인다
※커버링심지가 붙은 쪽을 안몸판의 안쪽으로 설명합니다

※안몸판은 창구멍 6cm를 남겨두고
⑨~⑫과정과 같은 방법으로 만든다

2 겉몸판과 안몸판을 연결한다

※작품 2번은 1-⑤~⑥과정을
제외하고 같은 방법으로 만든다

완성

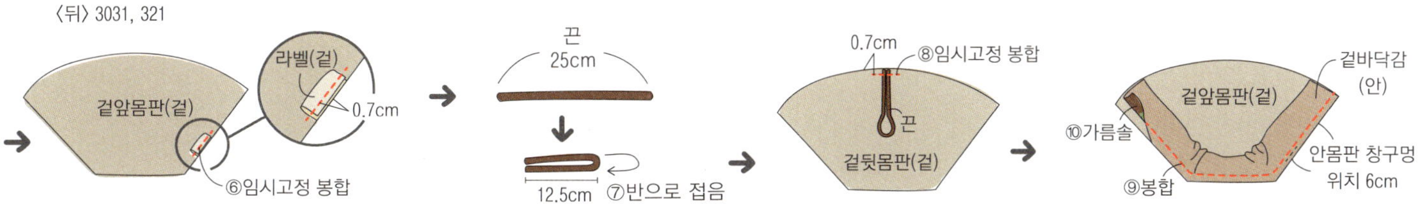

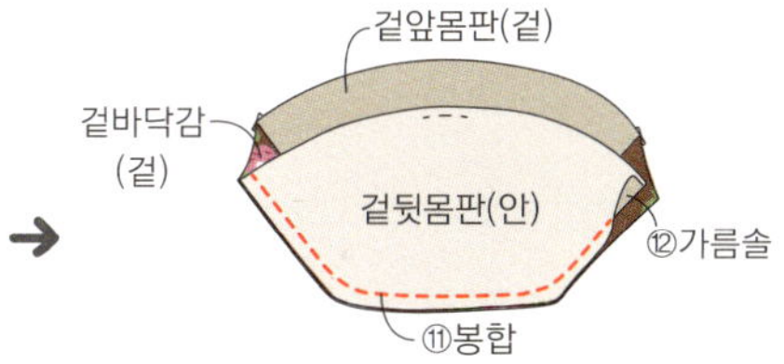

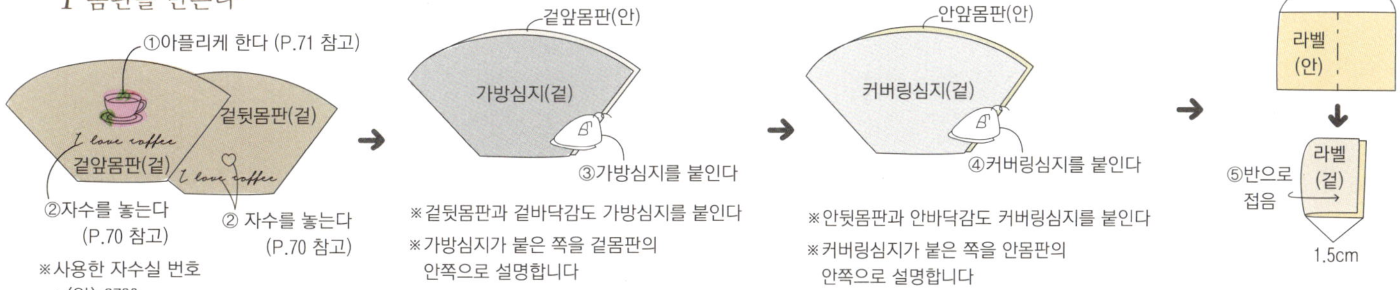

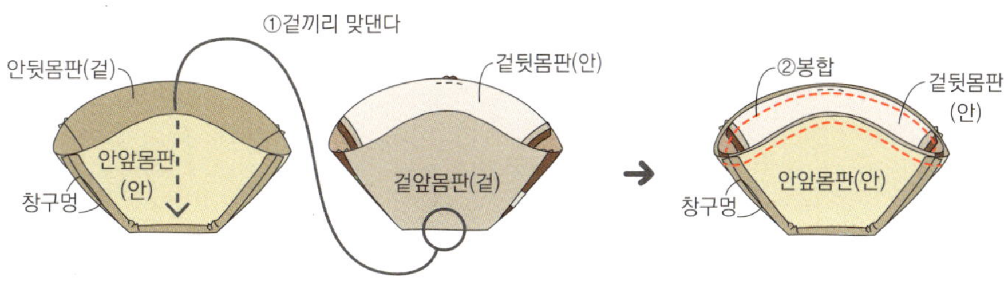

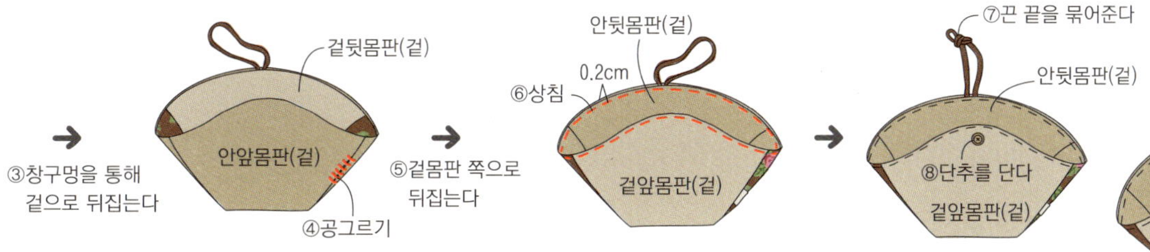

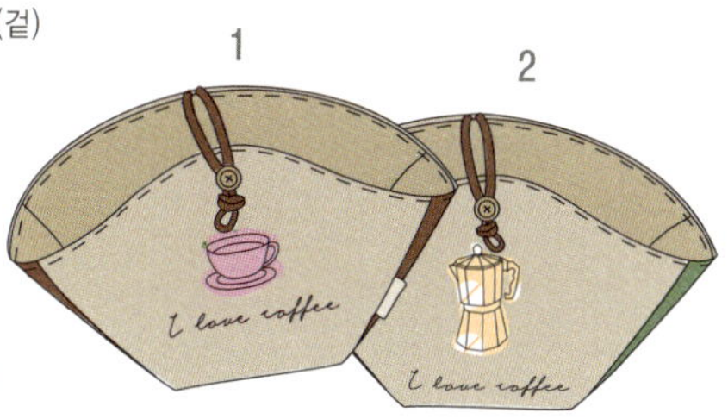

No.10 린넨 키친타월 3종

화보 p.28 / 실물크기 자수도안 D면
(직접 제도하여 사용합니다)
자수 스티치(p.72):16

완성사이즈
38cm×39cm

재료
몸판감 50cm×50cm
25번사 면자수실 적당량
20cm길이 면끈

만드는 방법
1 몸판을 만든다

재단배치도

※원단은 안쪽면을 기준으로 재단합니다.
※○안의 숫자는 시접양입니다.
  숫자가 없는 곳은 1cm의 시접으로 재단합니다

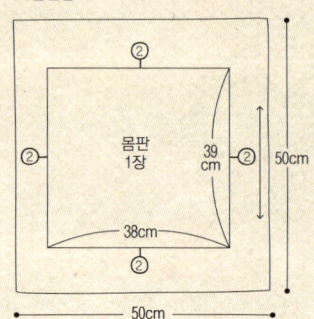

1 몸판을 만든다

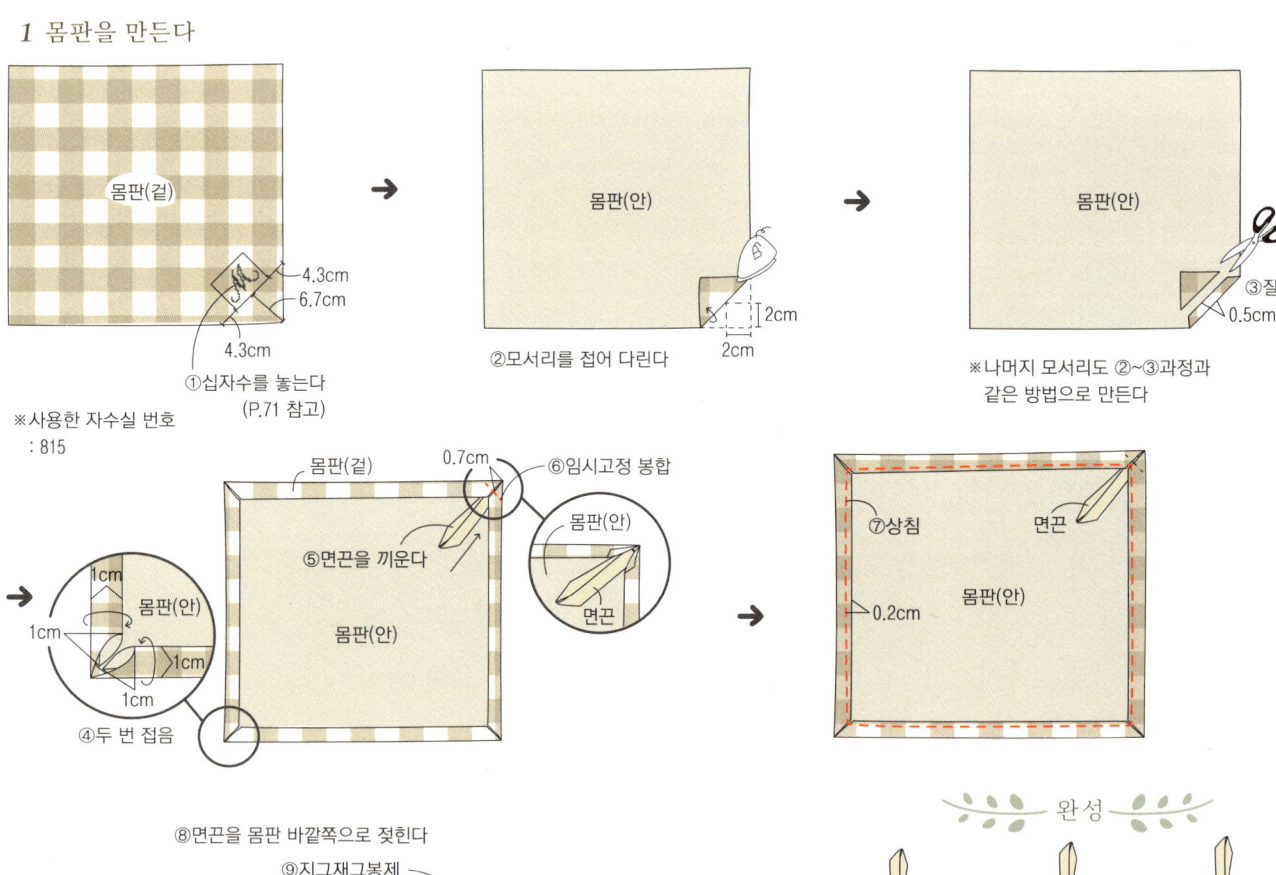

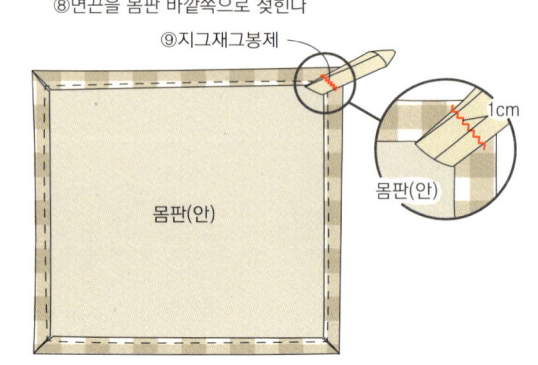

No.11 티팟워머

화보 p.30 / 실물크기 패턴 C면
자수 스티치(p.72):1

완성사이즈
33.5cm×29cm

재료
겉·안몸판감 80cm×35cm
4온스 접착 퀼팅솜 80cm×35cm
커버링심지 80cm×35cm
25번사 면자수실 적당량
아플리케 원단 적당량
2cm폭 라벨 1개
비즈 장식 1개

만드는 방법
1 몸판을 만든다
2 겉몸판과 안몸판을 연결한다

재단배치도

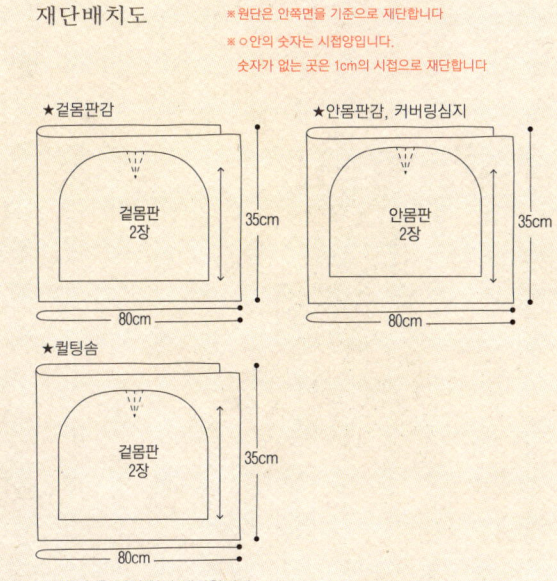

※ 원단은 안쪽면을 기준으로 재단합니다
※ ○안의 숫자는 시접양입니다.
   숫자가 없는 곳은 1cm의 시접으로 재단합니다

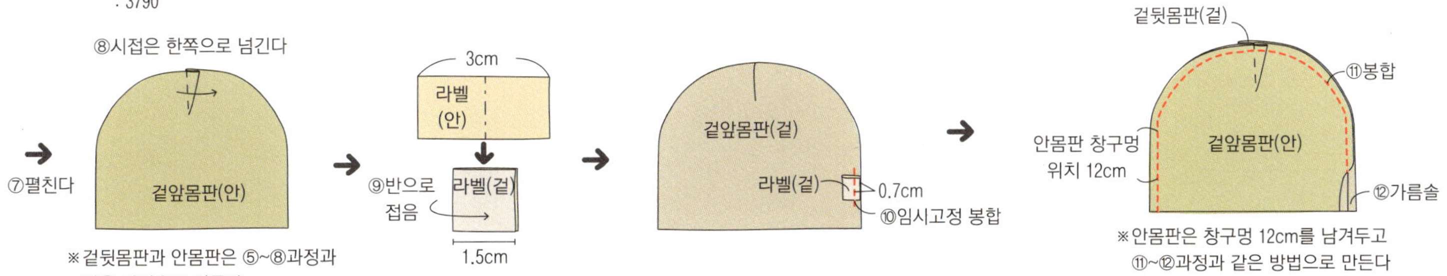

1 몸판을 만든다

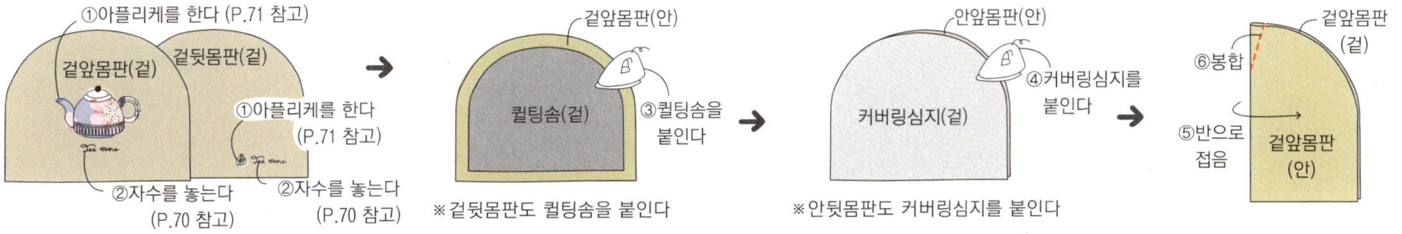

2. 겉몸판과 안몸판을 연결한다

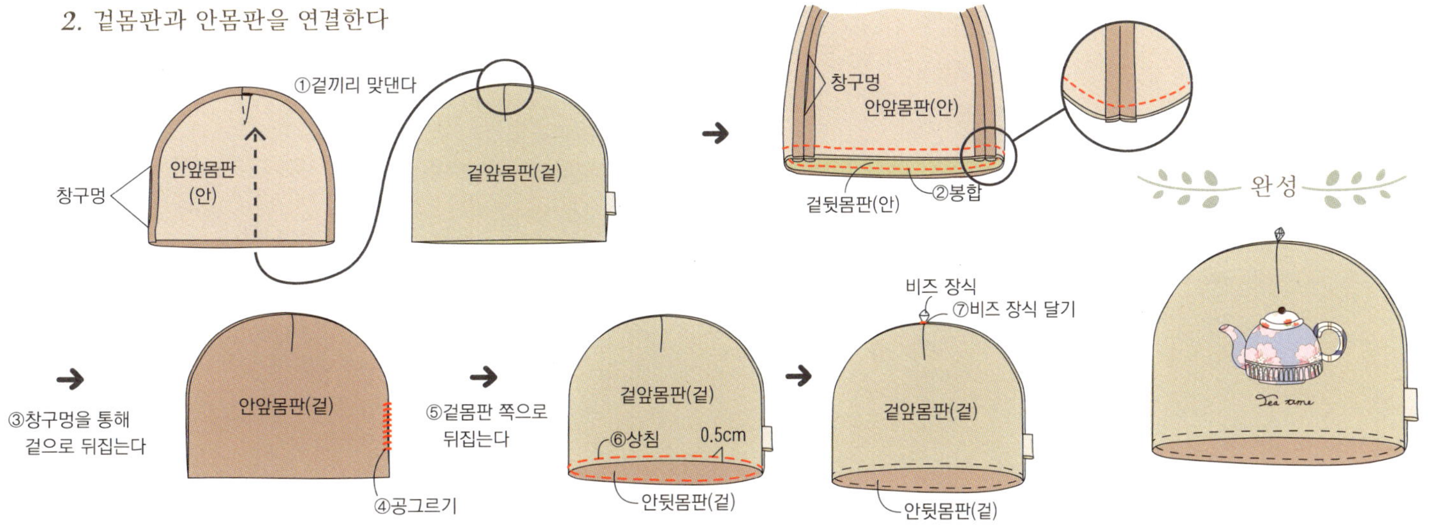

No.12 키친 에이프런

화보 p.32 / 실물크기 패턴 B면
자수 스티치(p.72):1, 2, 8, 13

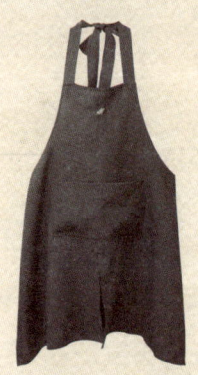

완성사이즈

Free Size

재료

몸판감 150cm×140cm
배색천 45cm×35cm
소잉심지 35cm×20cm
25번사 면자수실 적당량

만드는 방법

1 주머니를 만들어 단다
2 끈을 만든다
3 몸판과 안단을 만든다
4 몸판에 끈과 안단을 단다

재단배치도

※원단은 안쪽면을 기준으로 재단합니다
※○안의 숫자는 시접양입니다.
숫자가 없는 곳은 1cm의 시접으로 재단합니다

★몸판감
허리끈 2장
②
윗몸판 1장
아래몸판 2장
어깨끈 2장
위안단 1장
겉주머니 1장
140cm
150cm
★배색천
안주머니 1장
35cm
45cm
★소잉심지
위안단 1장
20cm
35cm

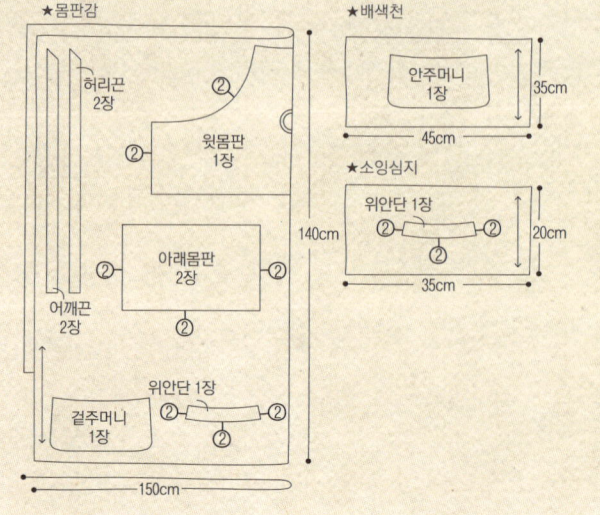

1 주머니를 만들어 단다

①자수를 놓는다
(P.70 참고)
윗몸판(겉)
※사용한 자수실 번호
:ECRU, 3363, 224
③모서리 시접을 자르고
곡진 부분에 가윗집을 준다
안주머니(겉)
겉주머니(안)
창구멍 10cm
②봉합
④창구멍을 통해
겉으로 뒤집는다
윗몸판(겉)
⑥주머니 중심을 상침
⑤상침
0.2cm
겉주머니(겉)

2 끈을 만든다

0.5cm
0.5cm
①두 번 접음
허리끈(안)
①두 번 접음
②시접을 정리한다

허리끈(안)
1cm
③시접을 정리한다
④두 번
접음
허리끈(안)
0.5cm
0.5cm
허리끈(안)
0.2cm
⑤상침

※ 어깨끈도 같은 방법으로 만든다
※ 허리끈 2개, 어깨끈 2개를 만든다

3 몸판과 안단을 만든다

1cm
1cm
①앞중심 쪽
두 번 접음
②상침
0.2cm
아래몸판(안)

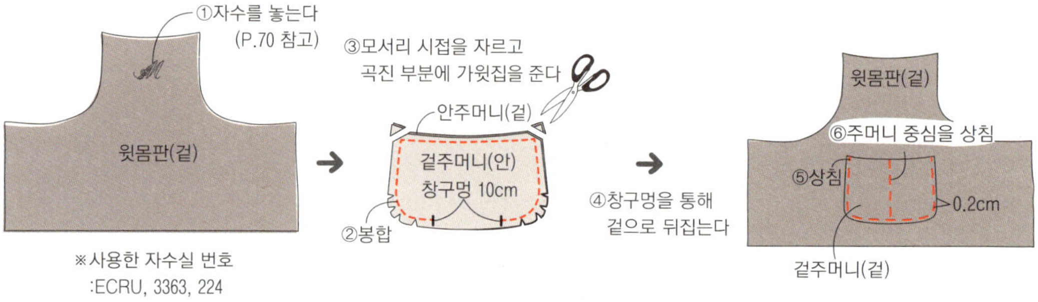

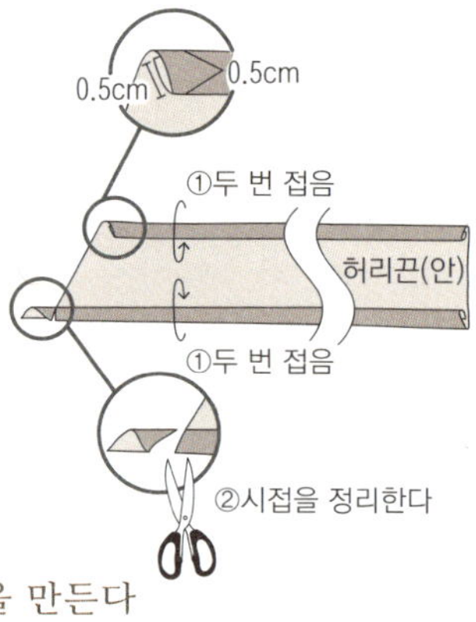

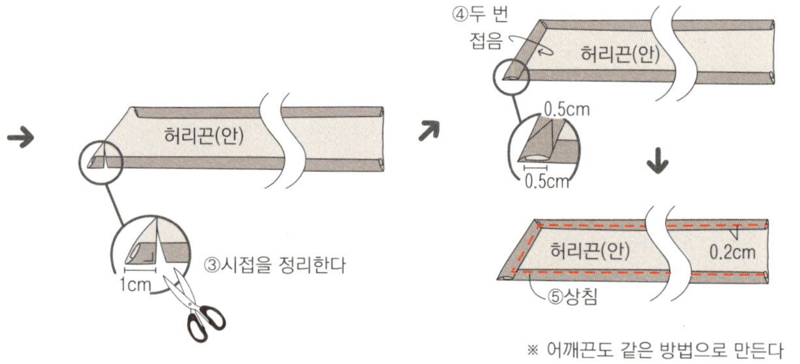

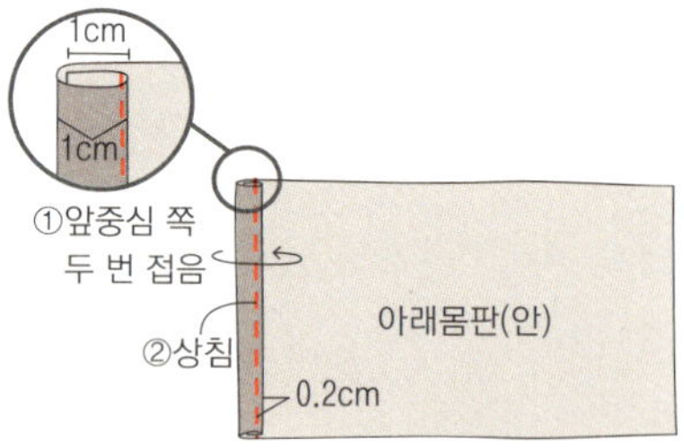

※반대쪽 아래몸판도 같은 방법으로 만든다

0.7cm
1cm겹침
③겉끼리 맞대어 겹침
④임시고정 봉합
아래몸판(겉)
⑤겉끼리 맞댄다
⑦지그재그봉합 또는 오버록 통솔처리
(시접은 윗몸판 쪽으로 넘긴다)
⑥봉합
아래몸판(안)
윗몸판(겉)
윗몸판(겉)
⑧상침
0.5cm
아래몸판(겉)

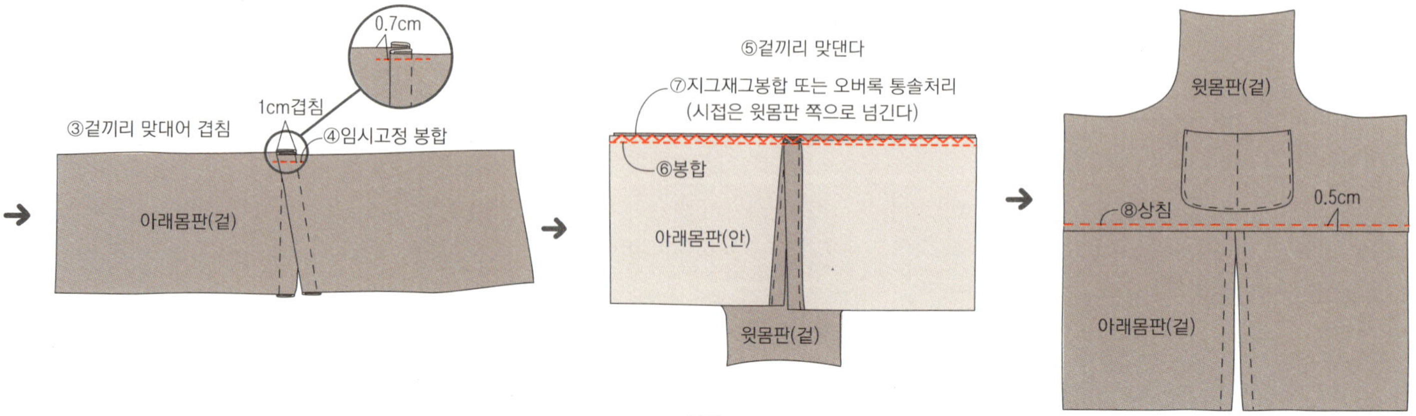

No.12 키친 에이프런

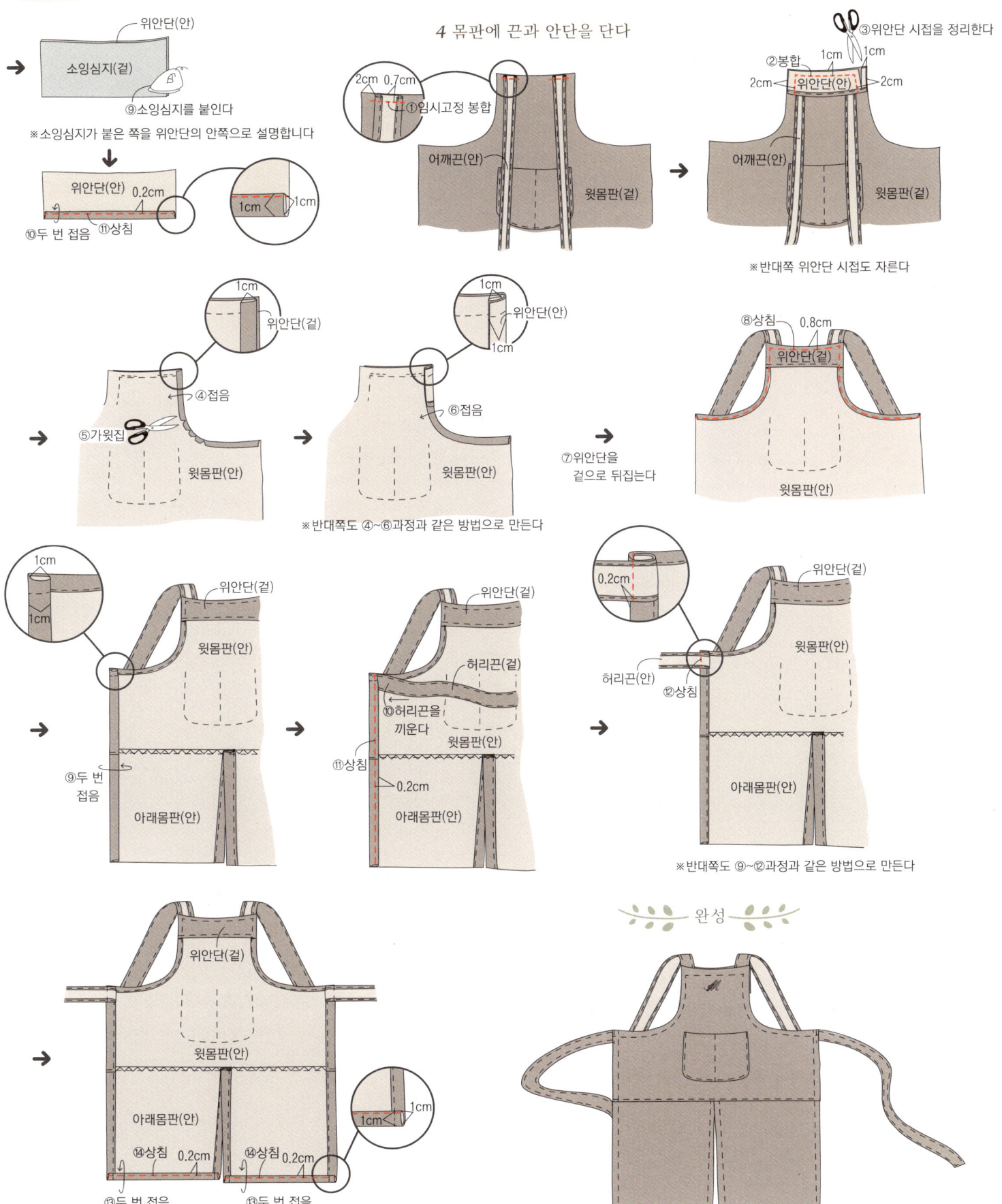

No.13 바란스

화보 p.34 / 실물크기 자수도안 D면
(직접 제도하여 사용합니다)
자수 스티치(p.72):1

완성사이즈

93cm×38cm

재료

몸판감 110cm×45cm
100cm길이 바텐레이스
25번사 면자수실 적당량
아플리케 원단 적당량

만드는 방법

1 몸판을 만든다
2 몸판에 레이스를 단다

재단배치도

※ 원단은 안쪽면을 기준으로 재단합니다
※ ○안의 숫자는 시접양입니다.
숫자가 없는 곳은 1cm의 시접으로 재단합니다

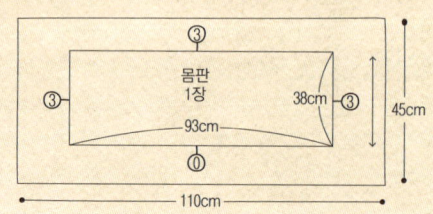

1 몸판을 만든다

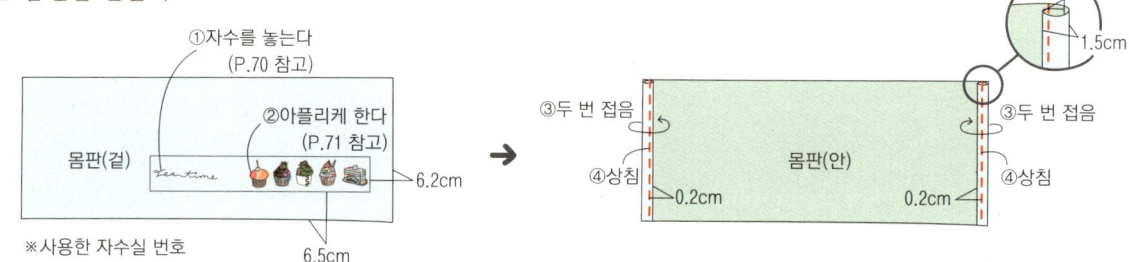

2 몸판에 레이스를 단다

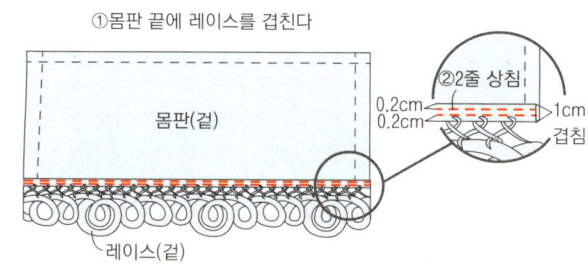

완성

No.14 미니쿠션 3종

화보 p.38 / 실물크기 자수도안 D면
(직접 제도하여 사용합니다)
자수 스티치(p.72)
1번- 8, 10, 15
2번- 2, 4, 8
3번- 1, 2, 8

완성사이즈
14cm×14cm

재료
몸판감 36cm×18cm
25번사 면자수실 적당량
1.5cm폭 토숀레이스
방울솜 적당량
스탬프 세트 1개

만드는 방법
1 몸판을 만든다
2 몸판을 연결한다

재단배치도
※원단은 안쪽면을 기준으로 재단합니다
※○안의 숫자는 시접양입니다.
숫자가 없는 곳은 1cm의 시접으로 재단합니다

★몸판감
몸판 2장 14cm × 14cm, 18cm, 36cm

1 몸판을 만든다

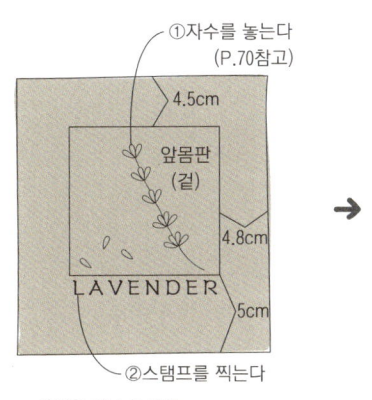
①자수를 놓는다 (P.70참고)
②스탬프를 찍는다

※사용한 자수실 번호
 : 1번-155, 913, 936
   2번-552, 936
   3번-552, 936, 745

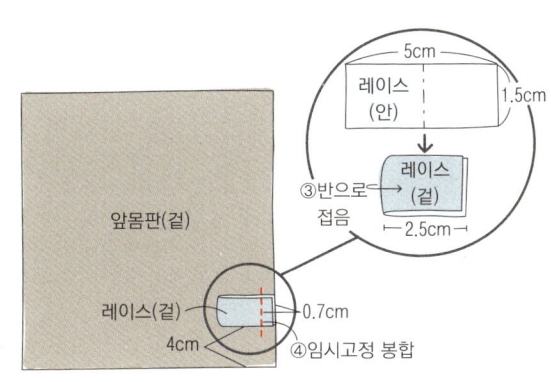
③반으로 접음
④임시고정 봉합

2 몸판을 연결한다

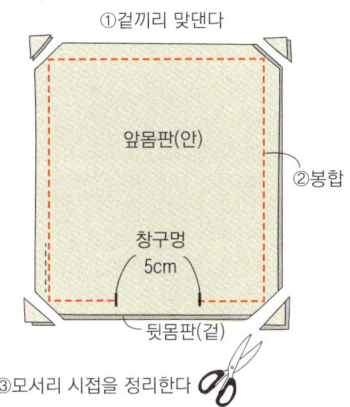
①겉끼리 맞댄다
②봉합
창구멍 5cm
뒷몸판(겉)
③모서리 시접을 정리한다

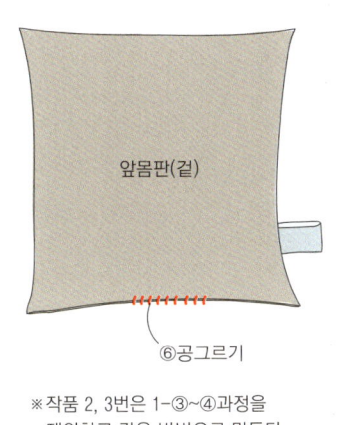
④창구멍을 통해 겉으로 뒤집는다
레이스(겉)
⑤방울솜을 넣는다
⑥공그르기

※작품 2, 3번은 1-③~④과정을
제외하고 같은 방법으로 만든다

완성

No.15 옷걸이 커버

화보 p.40 / 실물크기 패턴 C면
자수 스티치(p.72): 2, 6, 12, 14

완성사이즈
49cm × 18cm

재료
몸판감 110cm × 25cm
100cm길이 바텐레이스
25번사 면자수실 적당량

만드는 방법
1 몸판에 레이스를 단다
2 몸판을 연결한다

재단배치도
※ 원단은 안쪽면을 기준으로 재단합니다
※ ○안의 숫자는 시접양입니다.
   숫자가 없는 곳은 1cm의 시접으로 재단합니다

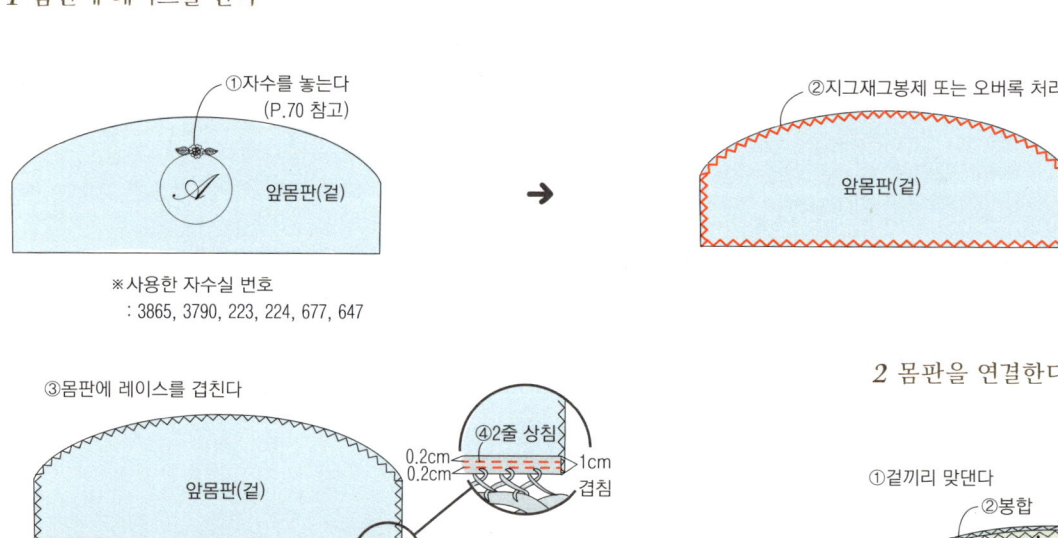

1 몸판에 레이스를 단다

※ 사용한 자수실 번호
: 3865, 3790, 223, 224, 677, 647

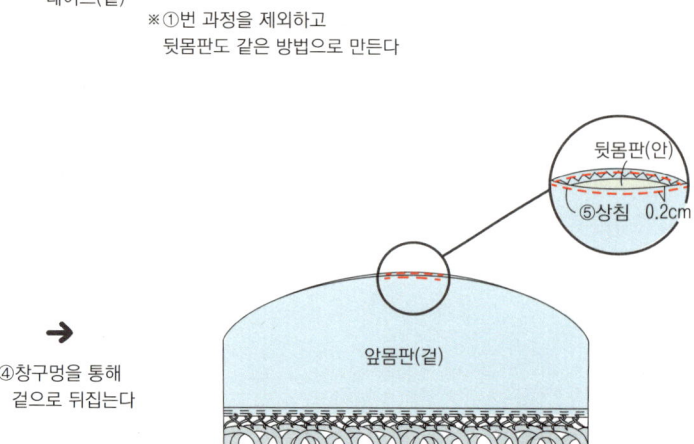

2 몸판을 연결한다

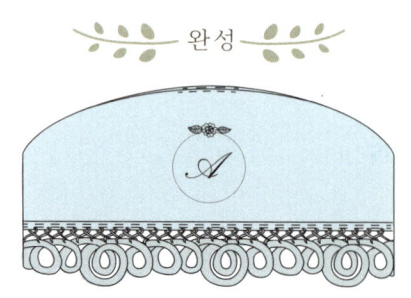

완성

No.16 벽걸이형 티슈케이스

화보 p.42 / 실물크기 패턴 A면
자수 스티치(p.72):1, 7, 8, 9, 14, 15

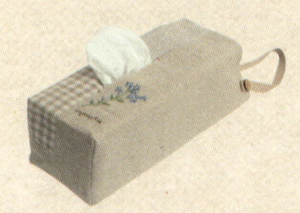

완성사이즈

12cm×30.5cm×11cm

재료

몸판감A 45cm×45cm
몸판감B 20cm×25cm
몸판감C 20cm×25cm
25번사 면자수실 적당량
지름1.8cm 단추 2개
1.5cm폭 면끈 45cm

만드는 방법

1 몸판을 만든다
2 몸판에 끈과 단추를 단다

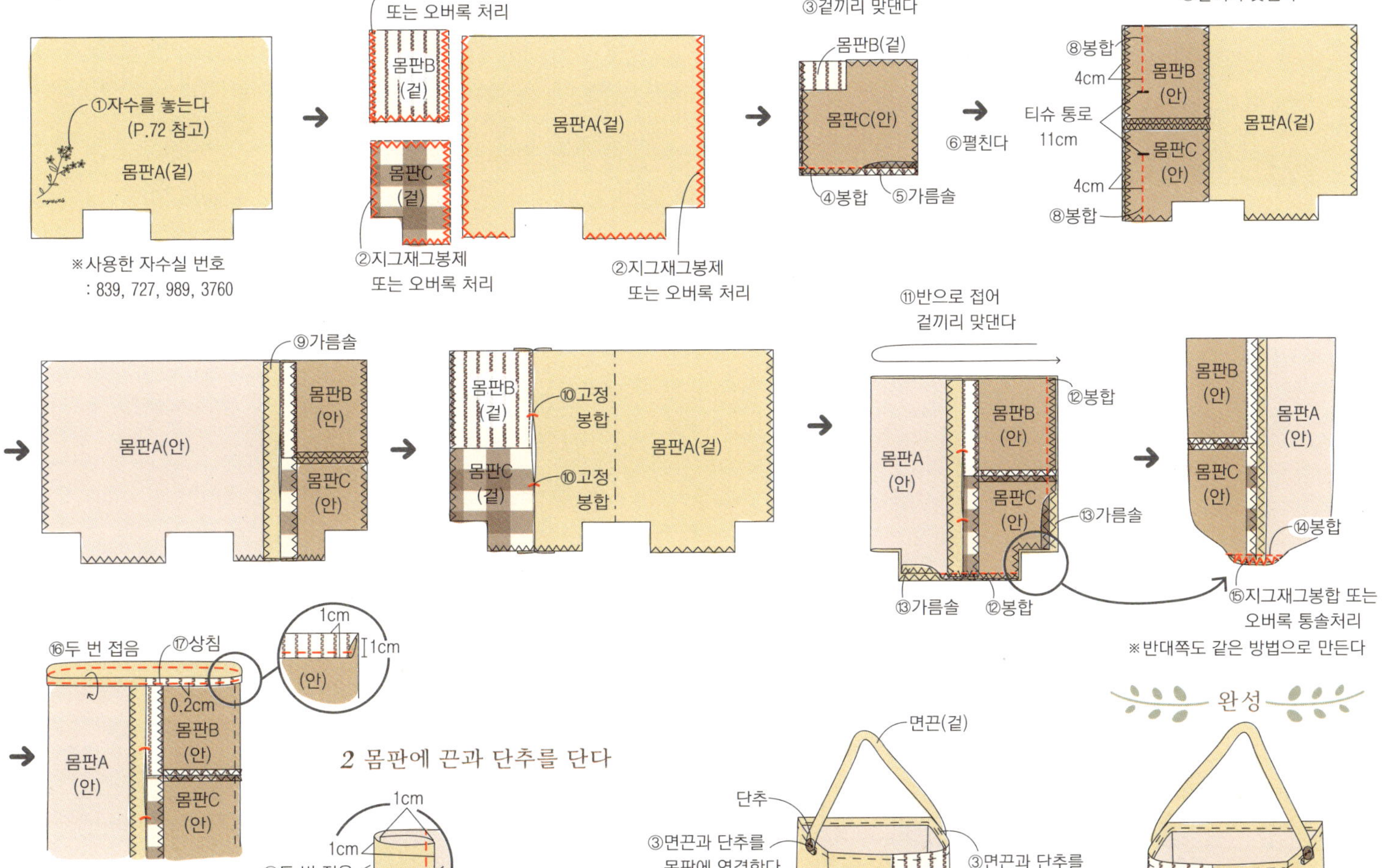

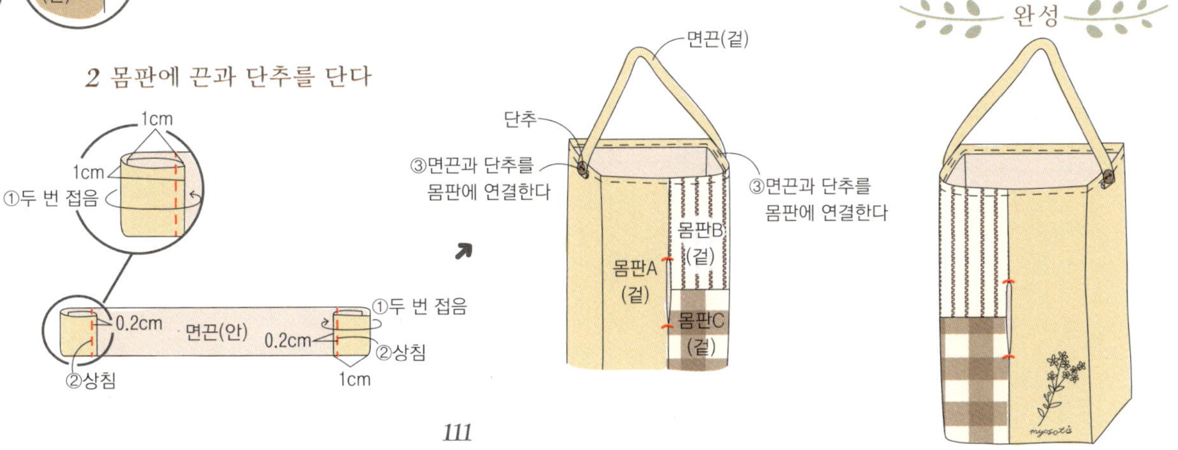

재단배치도

※원단은 겉쪽면을 기준으로 재단합니다
※○안의 숫자는 시접양입니다.
숫자가 없는 곳은 1cm의 시접으로 재단합니다

1 몸판을 만든다

2 몸판에 끈과 단추를 단다

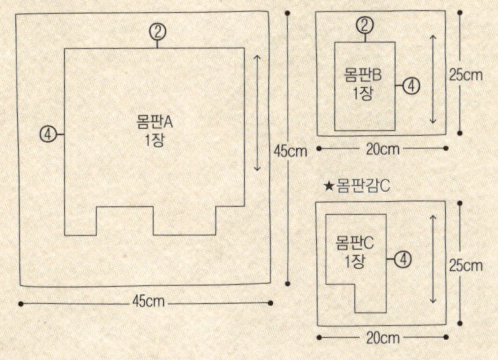

No.17 러플 쿠션커버

화보 p.44 / 실물크기 자수도안 D면
(직접 제도하여 사용합니다)
자수 스티치(p.72) : 2, 9

완성사이즈
40cm×40cm

재료
몸판감 50cm×95cm
프릴감 140cm×83cm
접착심 42cm×2cm 2개
25번사 면자수실 적당량
60cm 숨은지퍼 1개

만드는 방법
1 프릴을 만든다
2 몸판을 만든다

재단배치도

※원단은 안쪽면을 기준으로 재단합니다
※○안의 숫자는 시접양입니다.
숫자가 없는 곳은 1cm의 시접으로 재단합니다

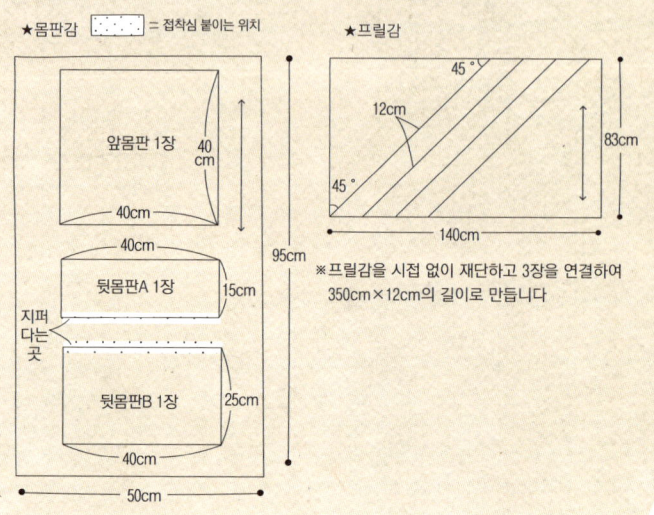

※프릴감을 시접 없이 재단하고 3장을 연결하여
350cm×12cm의 길이로 만듭니다

1 프릴을 만든다

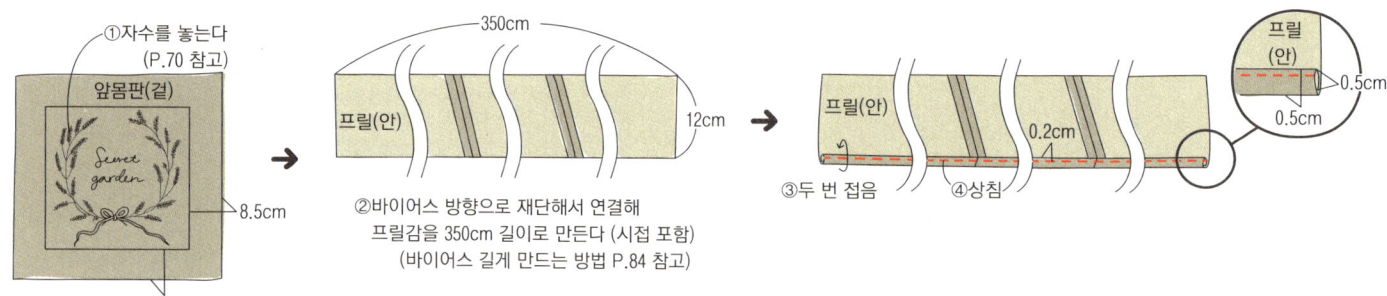

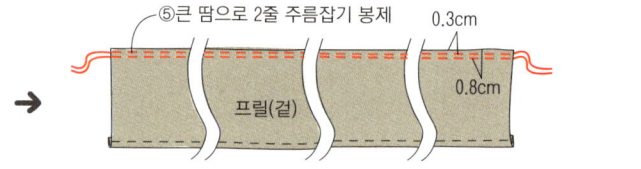

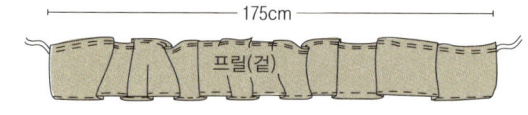

⑥175cm의 길이가 되도록 실을 당겨 주름을 잡는다

2 몸판을 만든다

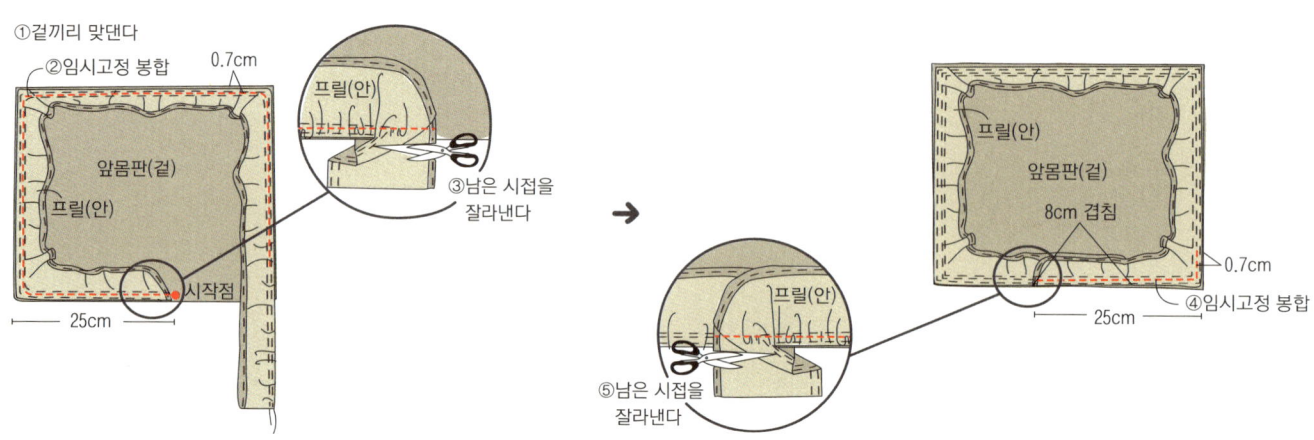

No.17 러플 쿠션커버

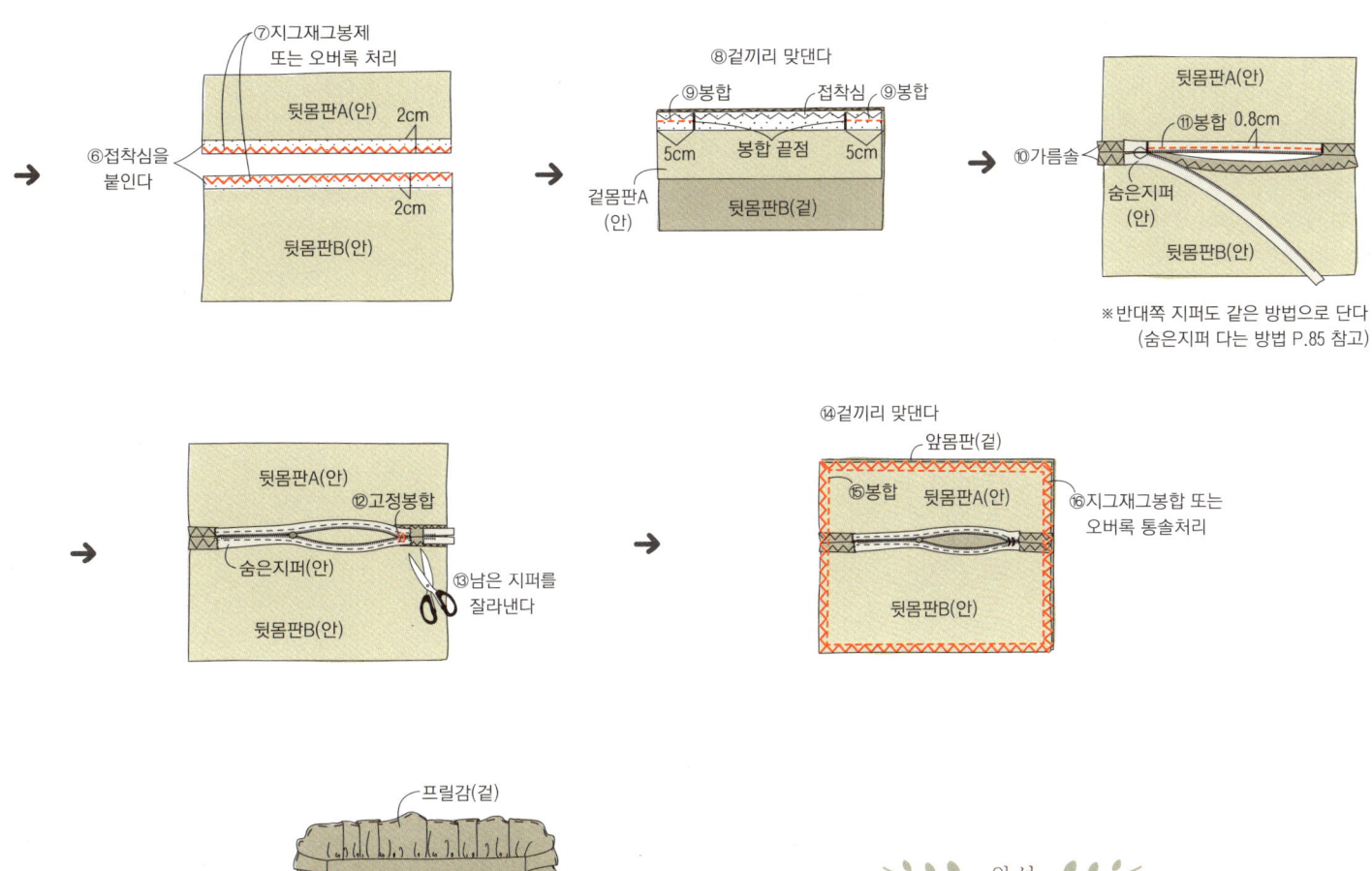

No.18 무릎담요

화보 p.46 / 실물크기 패턴 A면
자수 스티치(p.72) : 1, 3, 4, 5, 7, 11

완성사이즈
70cm×64cm

재료
몸판감 80cm×135cm
상·하패치감 17cm×9cm 13개
좌·우패치감 9cm×16cm 10개
25번사 면자수실 적당량

만드는 방법
1 패치감을 연결한다
2 몸판을 만든다

재단배치도

※ 원단은 안쪽면을 기준으로 재단합니다
※ ○안의 숫자는 시접양입니다.
숫자가 없는 곳은 1cm의 시접으로 재단합니다

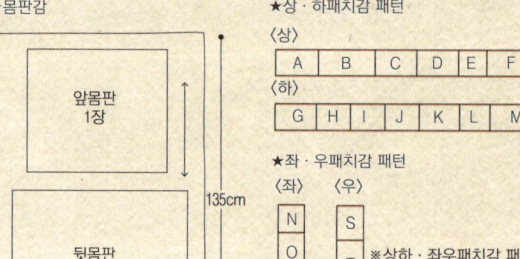

1 패치감을 연결한다

①자수를 놓는다 (P.70 참고)
앞몸판(겉)

※사용한 자수실 번호
: 3687, 502, 312, 725, 562, 3348, 936, 844, 223, 470, 814, 500, 553, 4200, 3776, 676

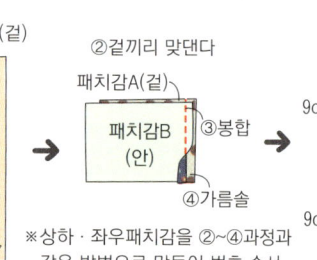

②겉끼리 맞댄다
패치감A(겉)
패치감B(안)
③봉합
④가름솔

※상하·좌우패치감을 ②~④과정과 같은 방법으로 만들어 번호 순서대로 연결한다

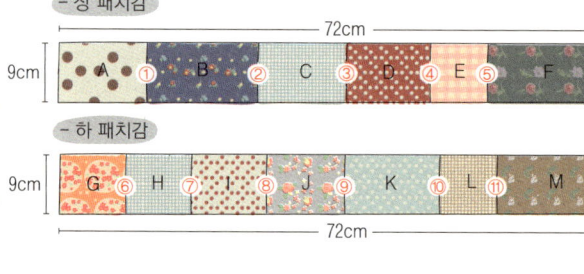

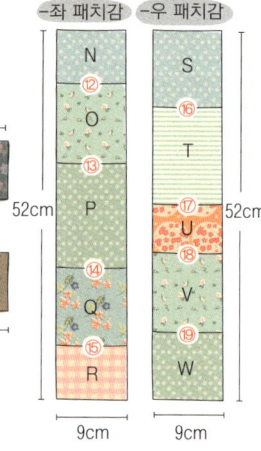

2 몸판을 만든다

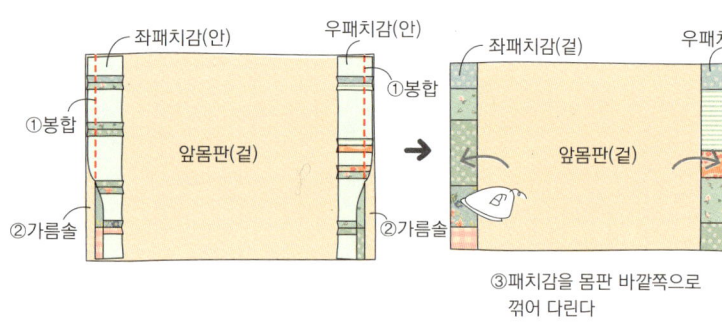

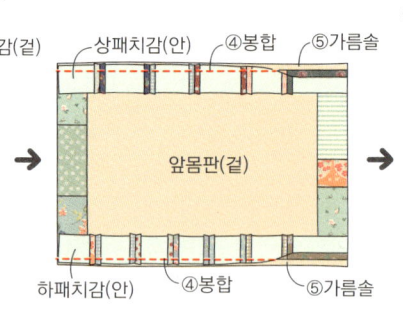

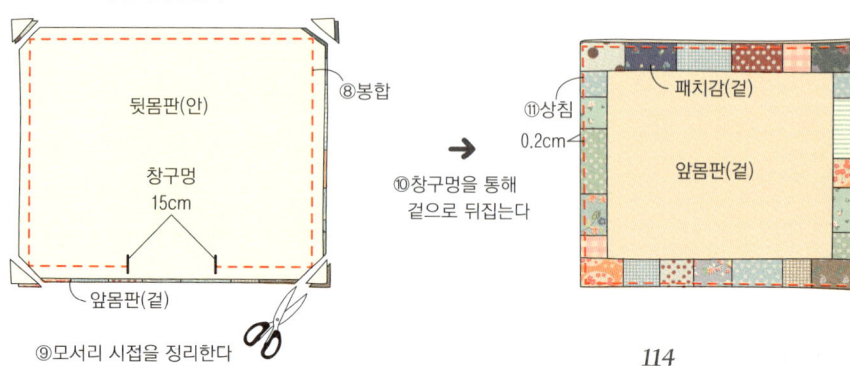

완성

No.19 화이트 파우치 2종

화보 p.48 / 실물크기 패턴 A면
실물크기 자수도안 D면
자수 스티치(p.72) : 1, 2, 8, 13

완성사이즈
35cm×26cm

재료
겉·안몸판감 90cm×80cm
커버링심지 90cm×80cm
25번사 면자수실 적당량
지름1.5cm 자석단추 1쌍

만드는 방법
1 몸판을 만든다
2 겉몸판과 안몸판을 연결한다

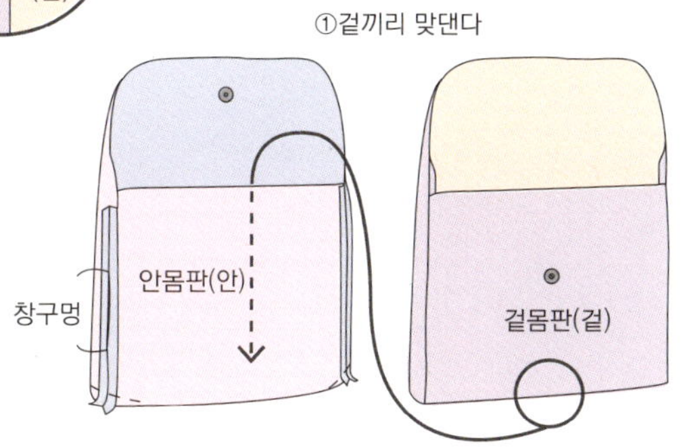

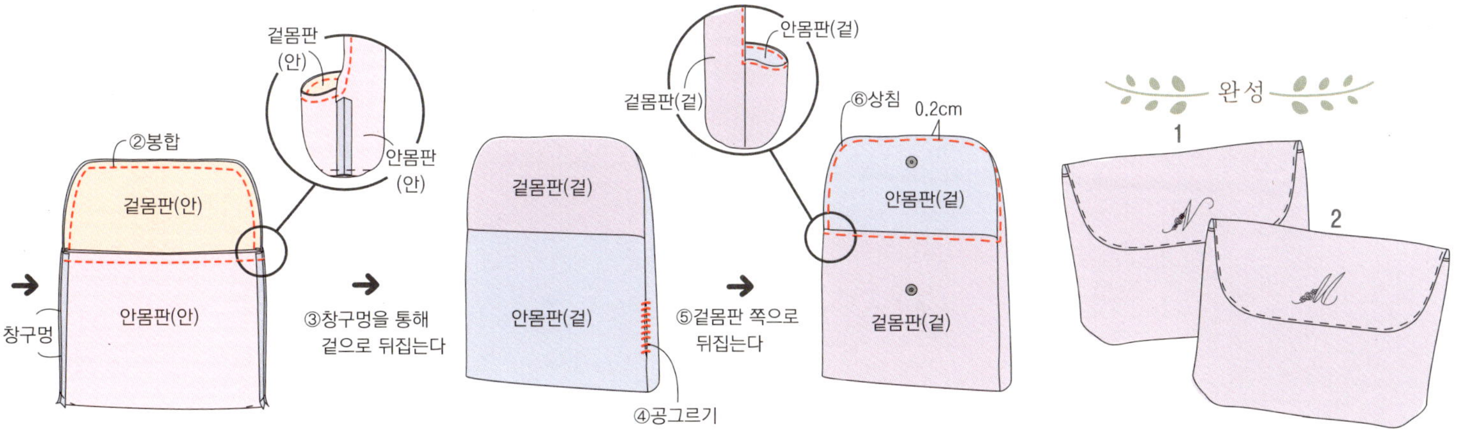

재단배치도
※ 원단은 안쪽면을 기준으로 재단합니다
※ ○안의 숫자는 시접양입니다.
　숫자가 없는 곳은 1cm의 시접으로 재단합니다

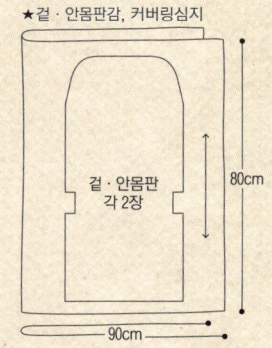

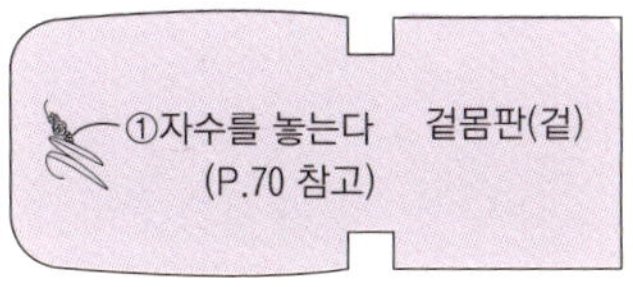

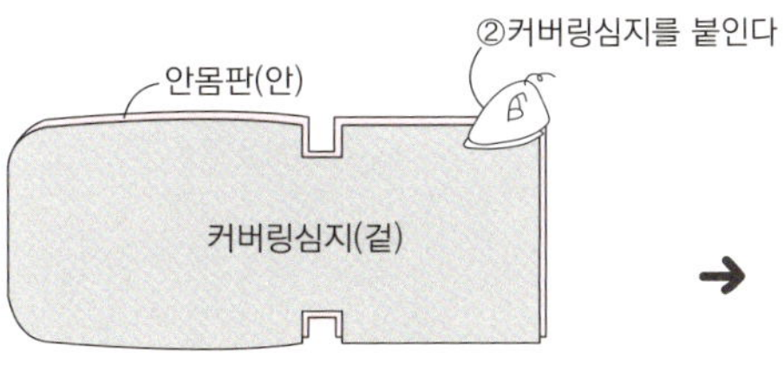

★겉·안몸판감, 커버링심지

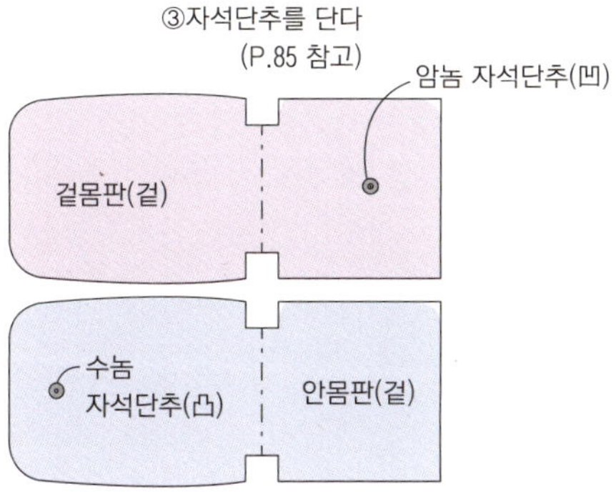

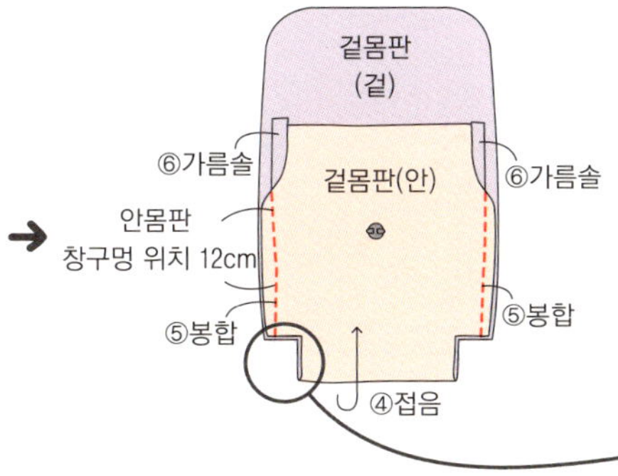

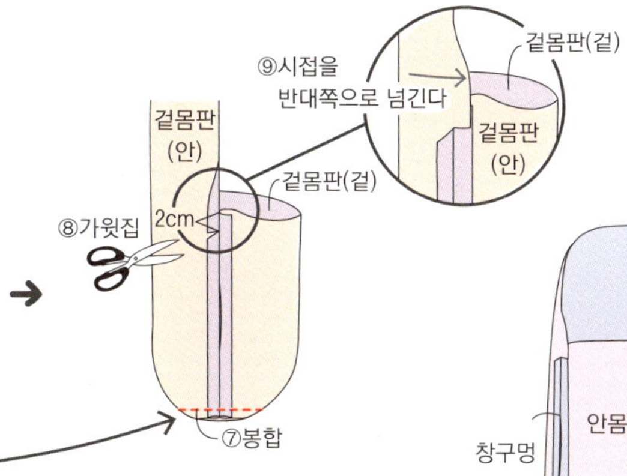

겉·안몸판 각 2장
80cm × 90cm

※ 커버링심지는 안몸판에만 붙입니다

No.20 원피스형 에이프런

화보 p.50 / 실물크기 패턴 A면
자수 스티치(p.72) : 16

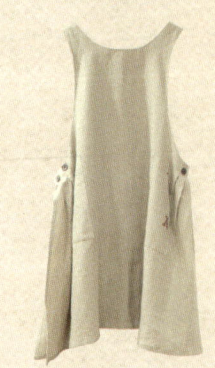

완성사이즈
Free Size

재료
몸판감 150cm×295cm
배색천 50cm×35cm
25번사 면자수실 적당량
지름2.1cm 단추 4개

만드는 방법
1 몸판에 주머니를 만들어 단다
2 몸판에 턱을 접는다
3 몸판과 안단을 연결한다
4 앞몸판과 뒷몸판을 연결한다

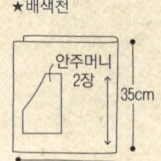
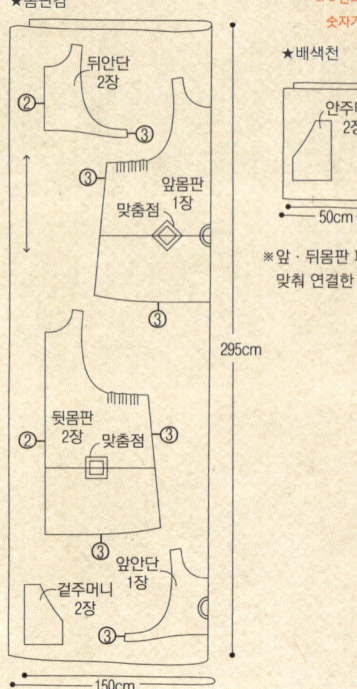

1 몸판에 주머니를 만들어 단다

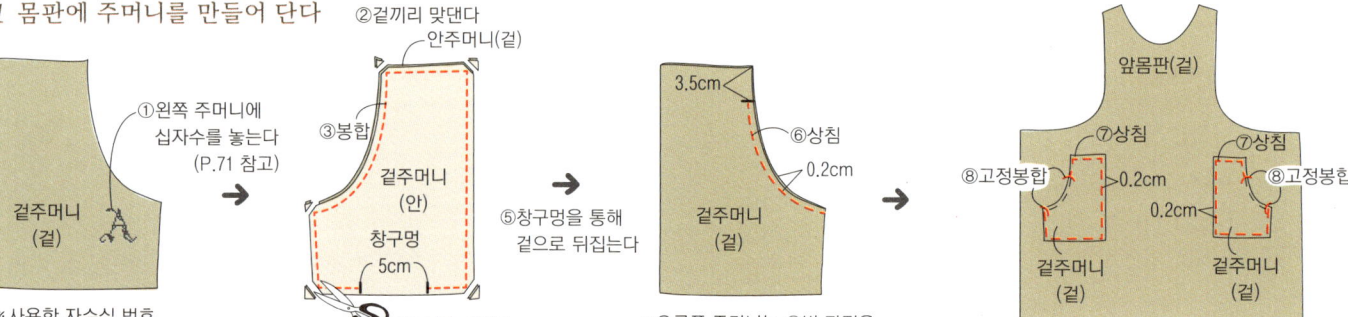

2 몸판에 턱을 접는다

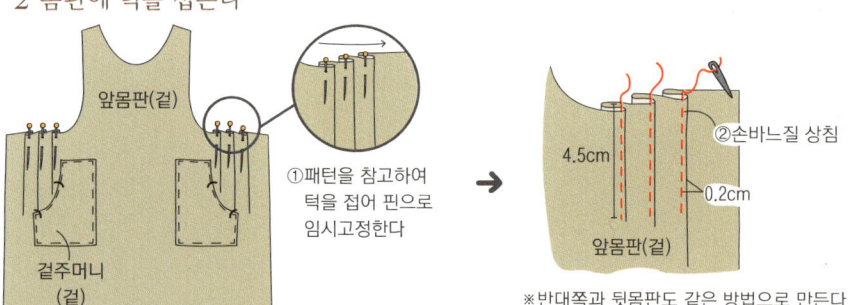

3 몸판과 안단을 연결한다

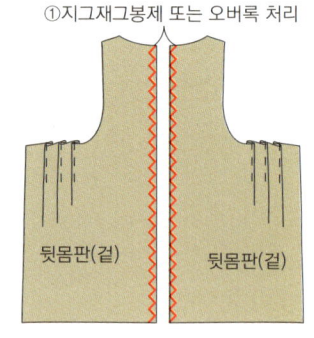

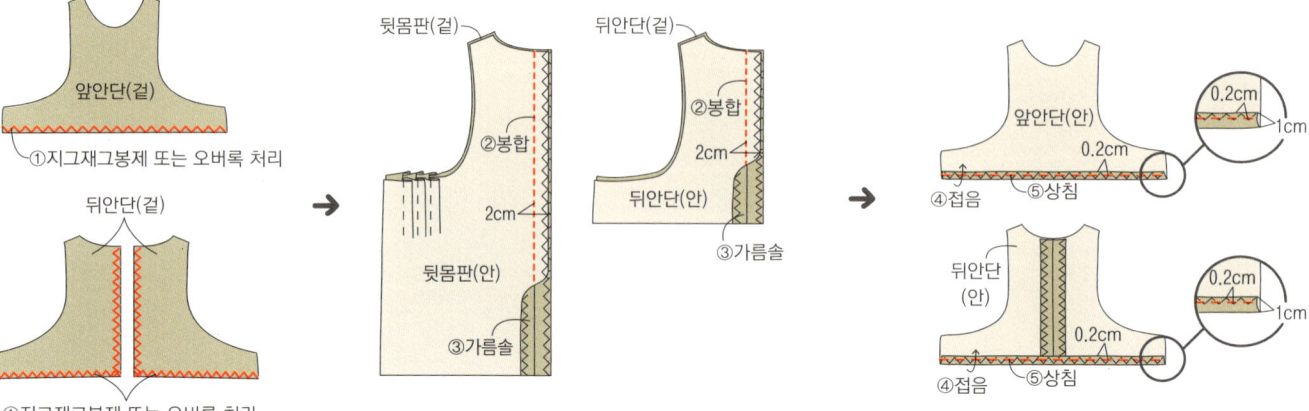

No.20 원피스형 에이프런

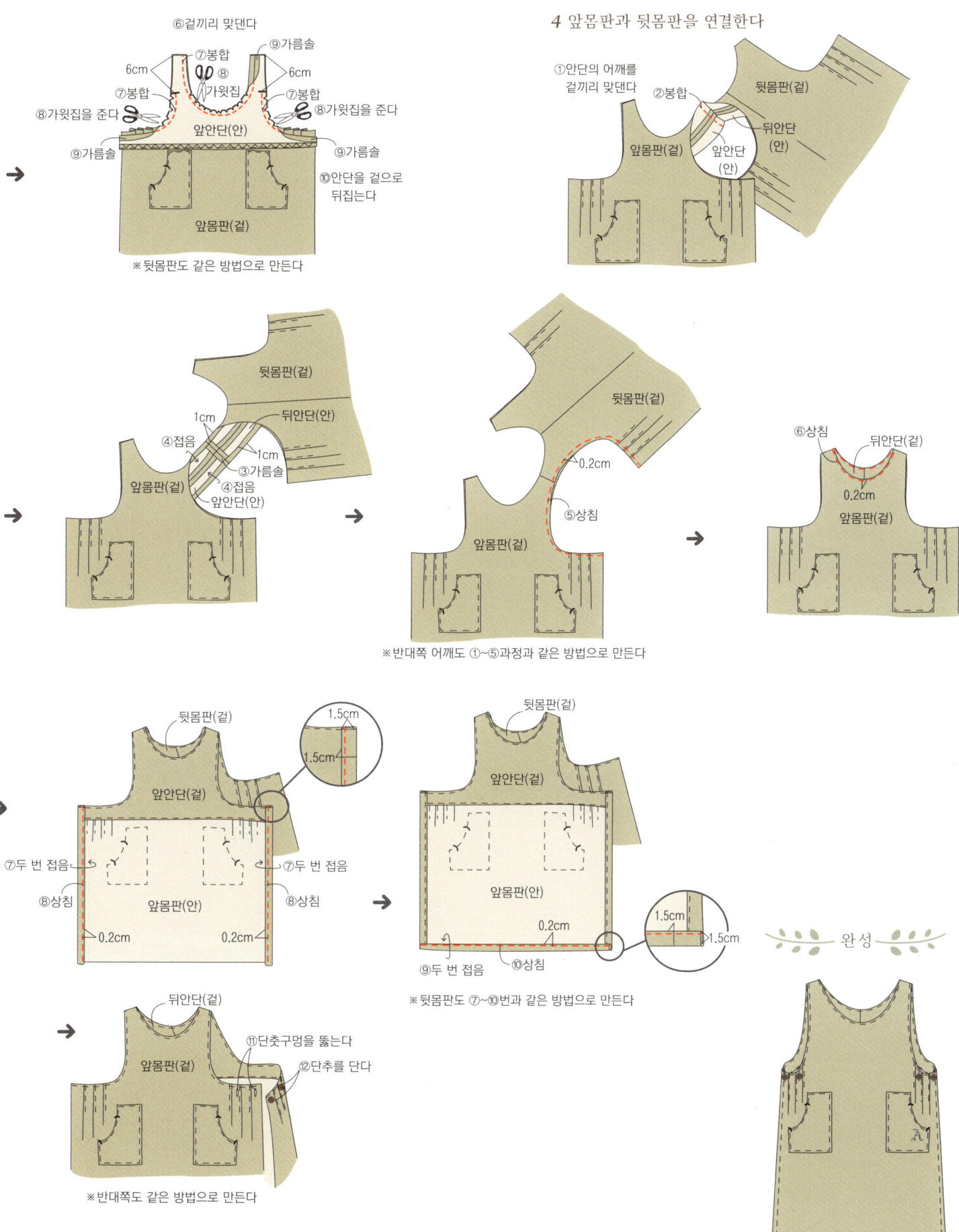

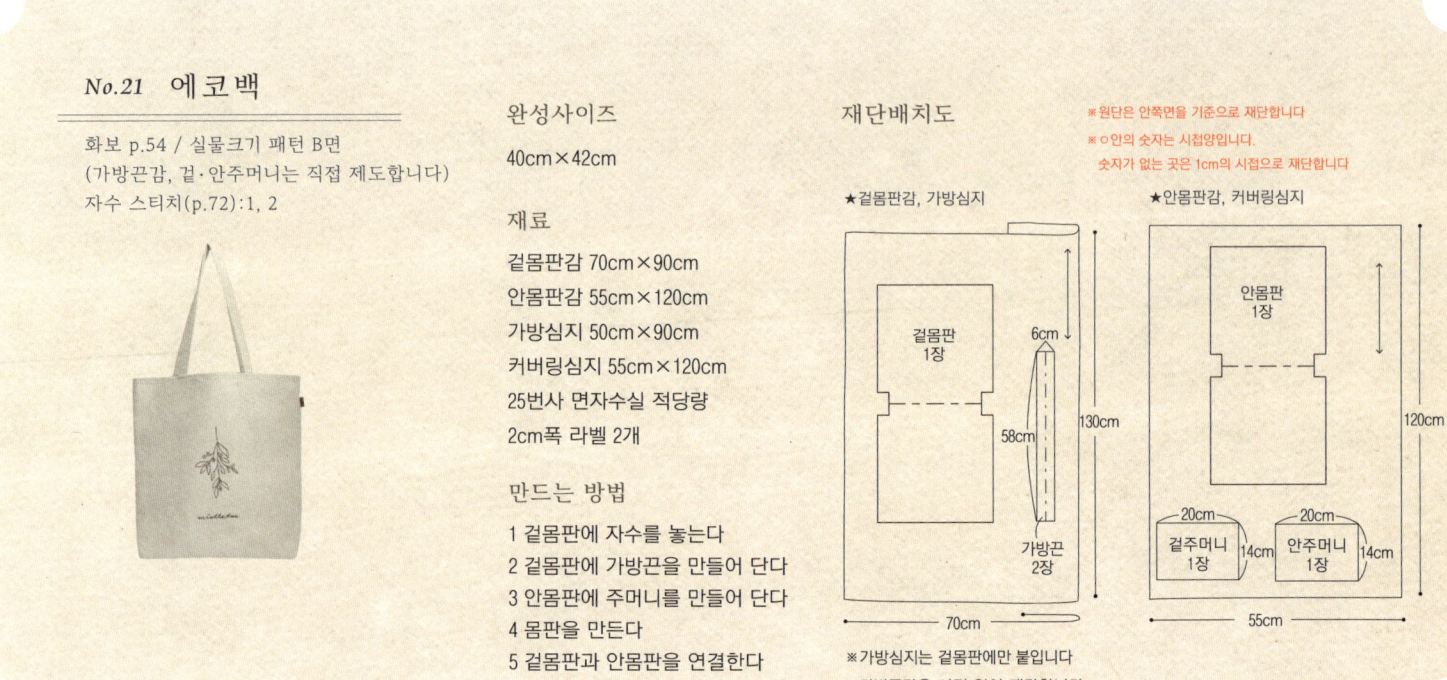

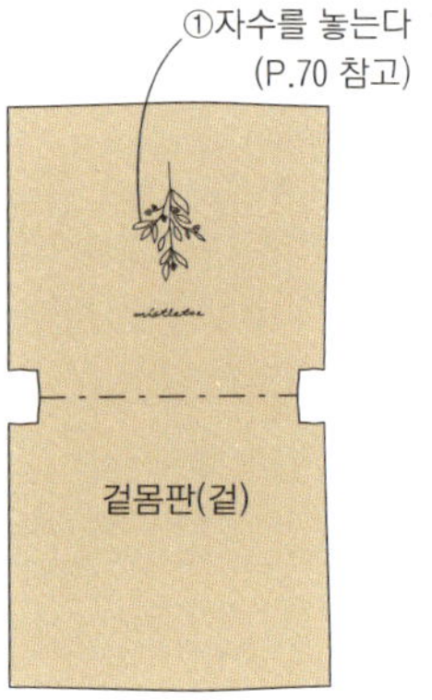

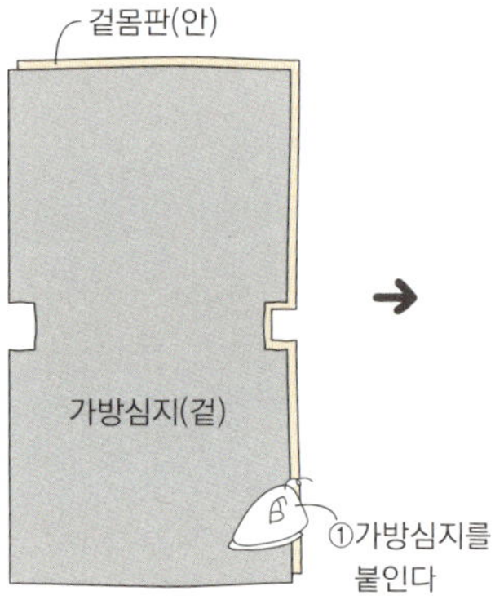

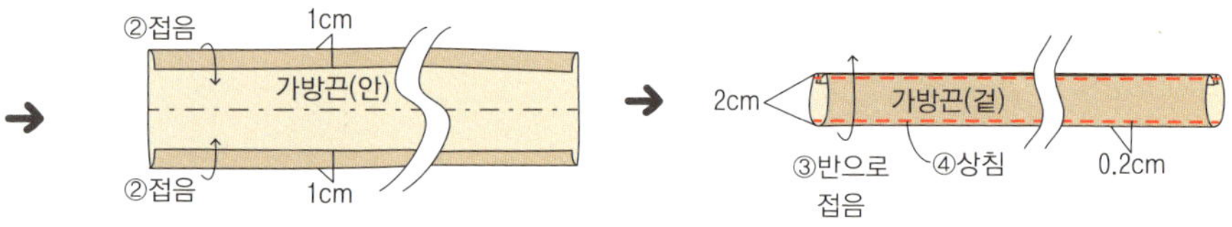

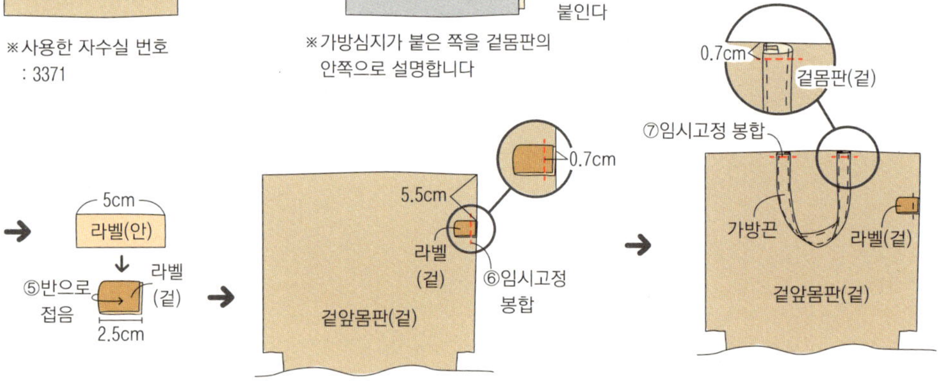

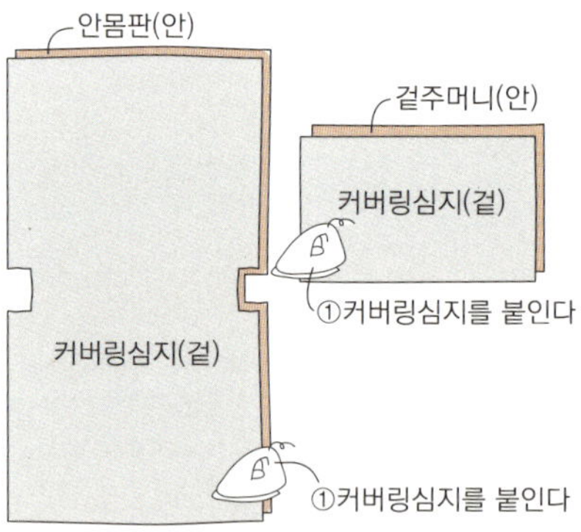

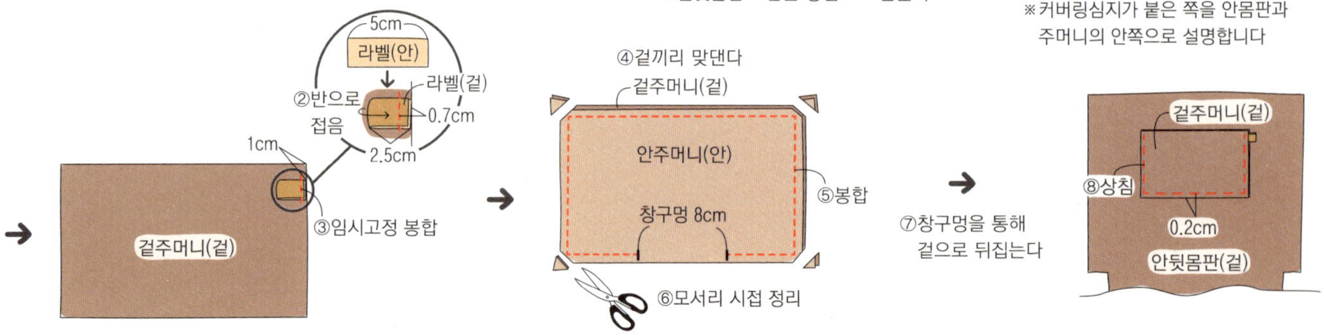

No.21 에코백

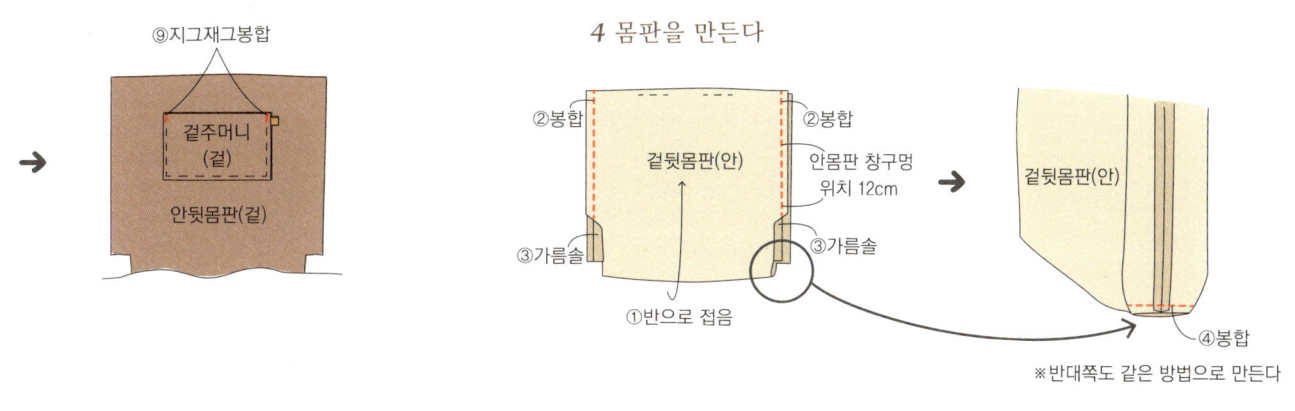

4 몸판을 만든다

5 겉몸판과 안몸판을 연결한다

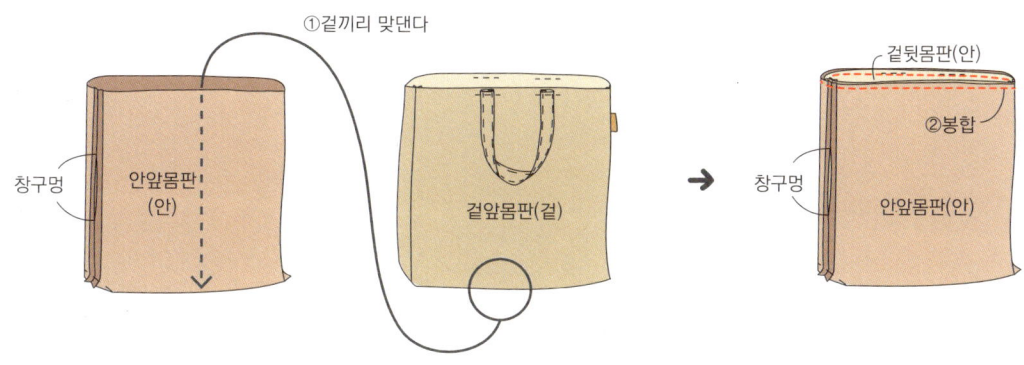

No.22 사각파우치 2종

화보 p.56 / 실물크기 패턴 A면
(지퍼 마감천은 직접 제도합니다)
자수 스티치(p.72):1

완성사이즈
31cm×24cm

재료
겉·안몸판감 80cm×40cm
지퍼 마감천 16cm×8cm
가방심지 80cm×40cm
커버링심지 80cm×40cm
아플리케 원단 적당량
25번사 면자수실 적당량
60cm길이 지퍼 1개
0.5cm폭 워셔블 매직테이프 1개

2cm폭 가죽 라벨 1개
1.5cm폭 가죽끈 1개
1.5cm폭 D링 1개
지름0.6cm 양면징 2쌍

만드는 방법
1 몸판에 라벨을 단다
2 몸판에 지퍼를 단다
3 겉몸판과 안몸판을 연결한다

재단배치도
※원단은 안쪽면을 기준으로 재단합니다
※○안의 숫자는 시접양입니다.
숫자가 없는 곳은 1cm의 시접으로 재단합니다

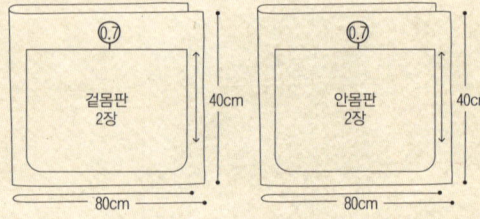

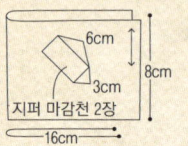

※지퍼 마감천은 바이어스 방향으로 시접 없이 재단합니다

1 몸판에 라벨을 단다

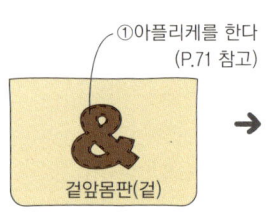

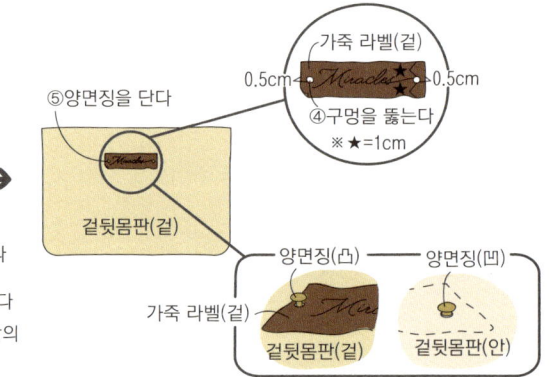

2 몸판에 지퍼를 단다

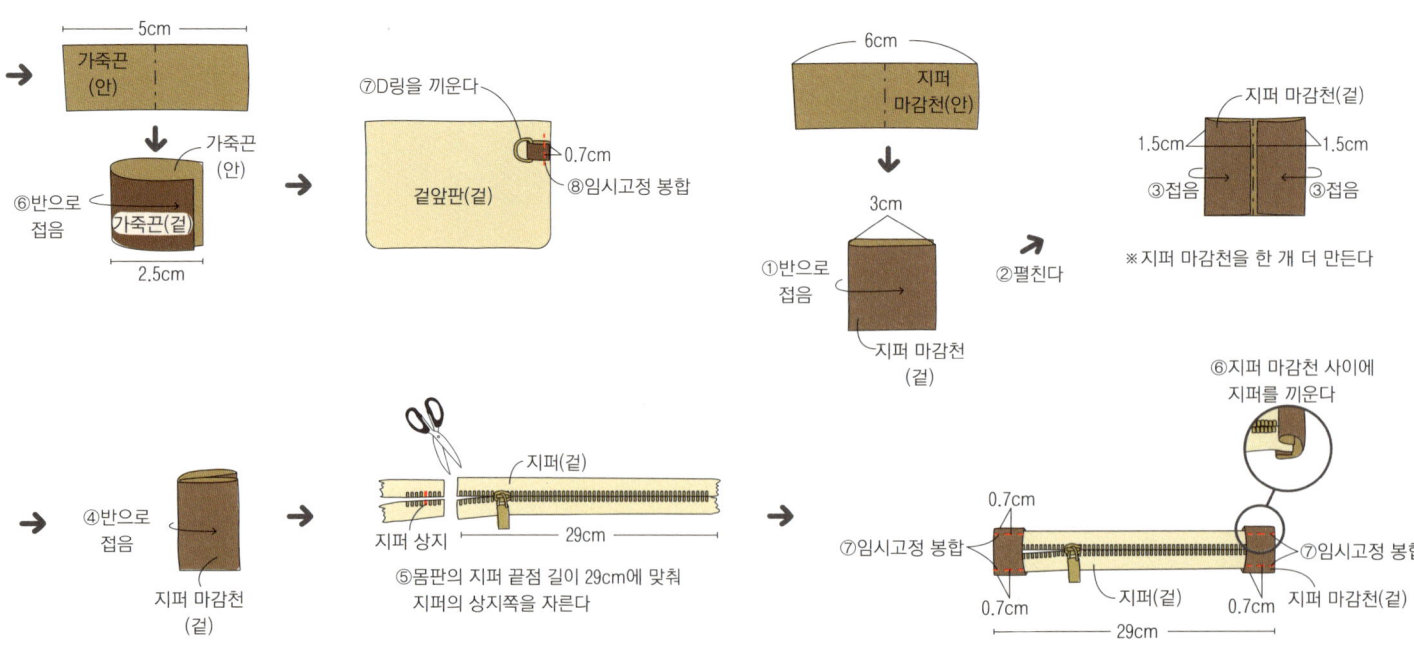

No.22 사각파우치

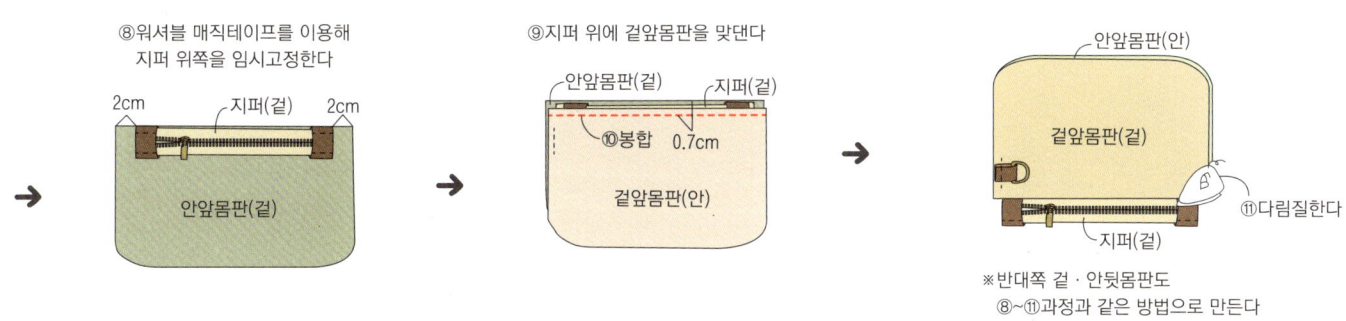

3 겉몸판과 안몸판을 연결한다

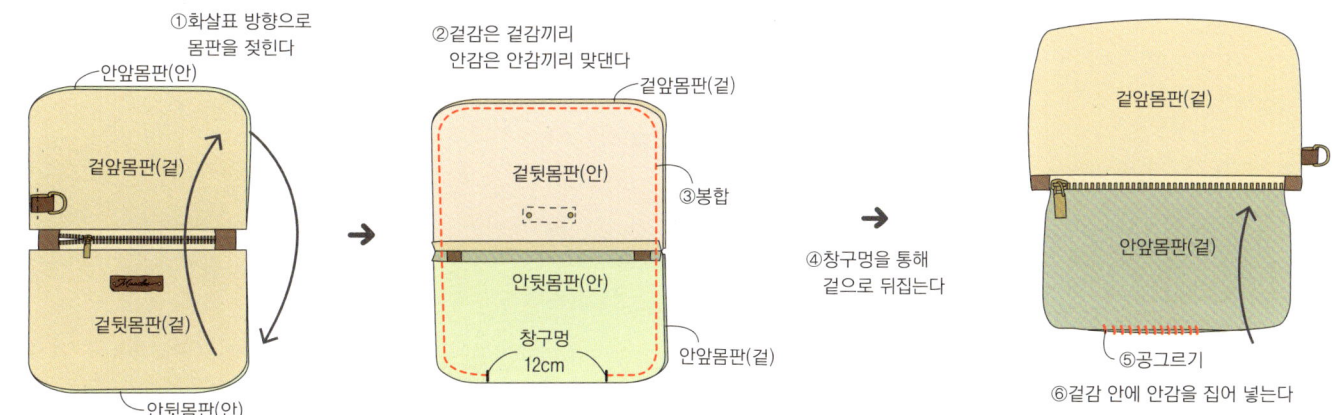

완성

No.23 패치워크 쇼퍼백

화보 p.58 / 실물크기 패턴 B면
실물크기 자수도안 D면
(주머니감은 직접 제도하여 사용합니다)
자수 스티치(p.72):1

완성사이즈
45cm×37cm×20cm

재료
겉앞·뒤몸판 패턴감 35cm×35cm 12개
겉바닥감 30cm×25cm
안몸판감 55cm×140cm
배색천 110cm×15cm
가방심지 55cm×110cm
보강심지 55cm×110cm
커버링심지1 55cm×55cm
커버링심지2 110cm×15cm
25번사 자수실 적당량
지름1.5cm 자석단추 1쌍
2cm폭 가죽 라벨 1개
지름0.8cm 양면징 8쌍
지름0.6cm 양면징 2쌍
가방끈 2개
패브릭 본드풀 1개
워셔블 매직테이프 1개
30cm길이 지퍼 1개
군번줄 1개
참 장식 1개
61cm길이 가방끈 2개

만드는 방법
1 패치감을 연결한다
2 겉몸판에 장식을 단다
3 안몸판을 만든다
4 몸판을 연결한다
5 겉몸판과 안몸판을 연결한다
6 몸판에 끈을 단다

재단배치도

※원단은 안쪽면을 기준으로 재단합니다
※○안의 숫자는 시접양입니다.
 숫자가 없는 곳은 1cm의 시접으로 재단합니다

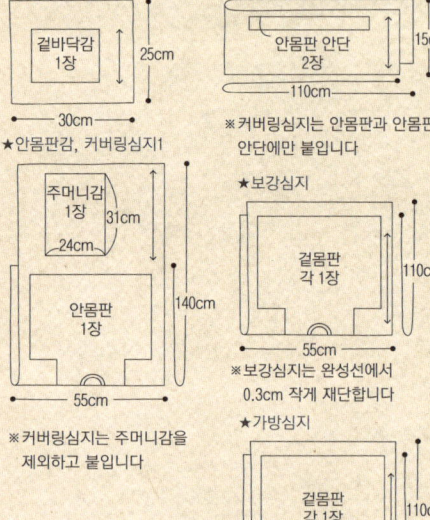

---

1 패치감을 연결한다

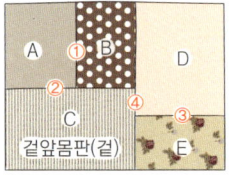

1. 패치감A+패치감B=①
2. ①+패치감C=②
3. 패치감D+패치감E=③
4. ②+③=④

5. 패치감A+패치감B=⑤
6. ⑤+패치감C=⑥
7. 패치감D+패치감E=⑦
8. ⑥+⑦=⑧
9. 패치감F+패치감G=⑨
10. ⑧+⑨=⑩

※패치감을 순서대로 연결하고
 각 과정마다 가름솔로 다려준다

2 겉몸판에 장식을 단다

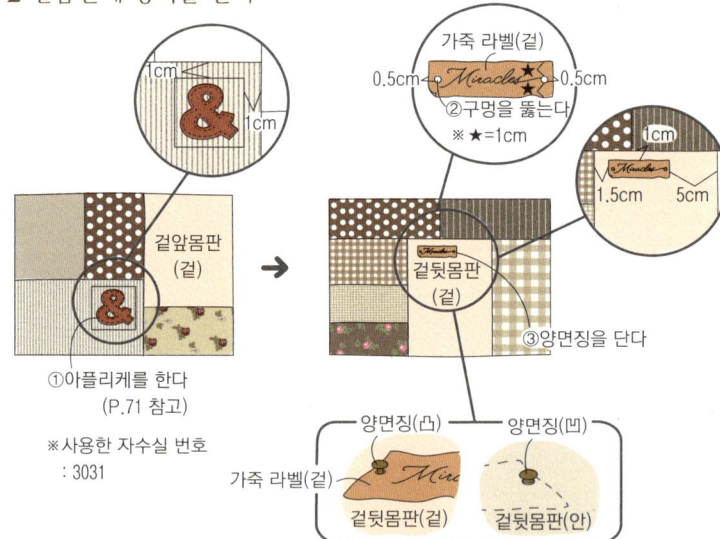

①아플리케를 한다 (P.71 참고)
※사용한 자수실 번호 : 3031

3 안몸판을 만든다

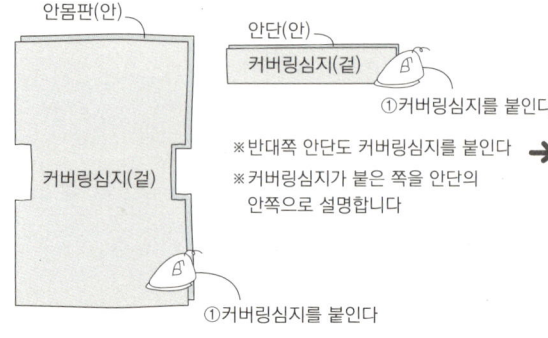

①커버링심지를 붙인다
※커버링심지가 붙은 쪽을 안몸판의 안쪽으로 설명합니다

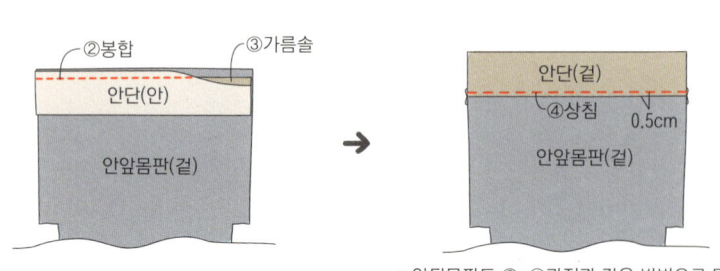

※반대쪽 안단도 커버링심지를 붙인다
※커버링심지가 붙은 쪽을 안단의 안쪽으로 설명합니다

※안뒷몸판도 ②~④과정과 같은 방법으로 만든다

No.23 패치워크 쇼퍼백

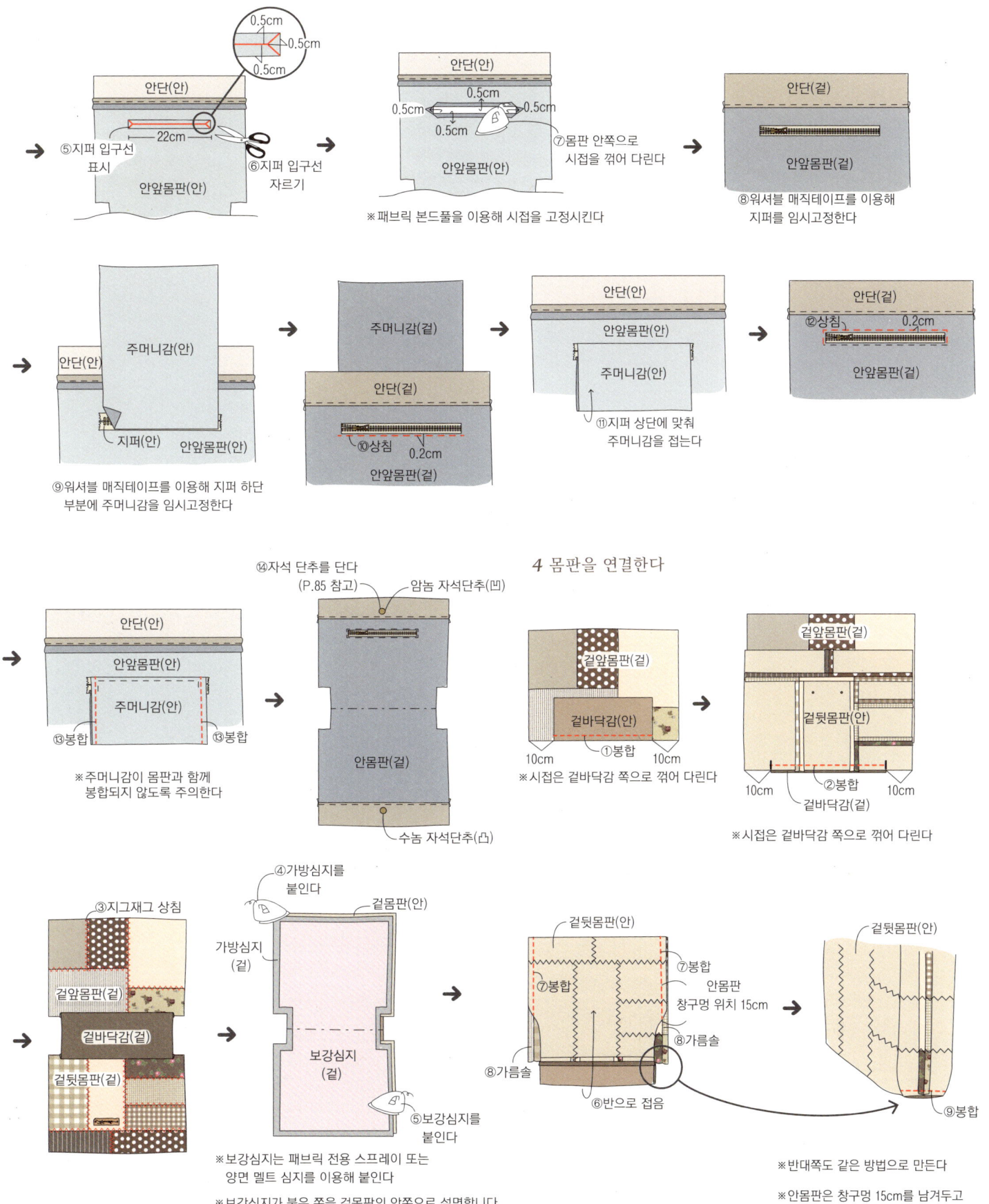

No.23 패치워크 쇼퍼백

5 겉몸판과 안몸판을 연결한다

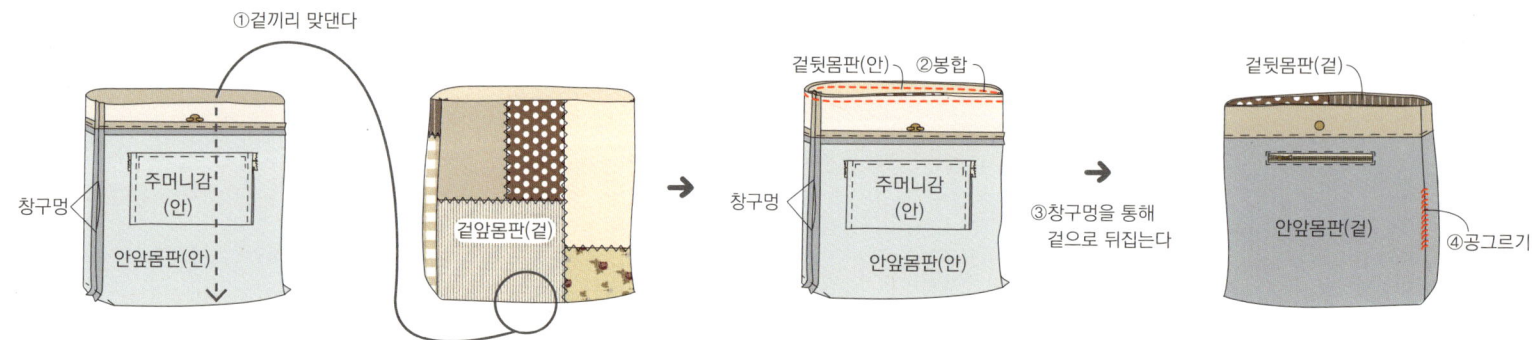

6 몸판에 끈을 단다

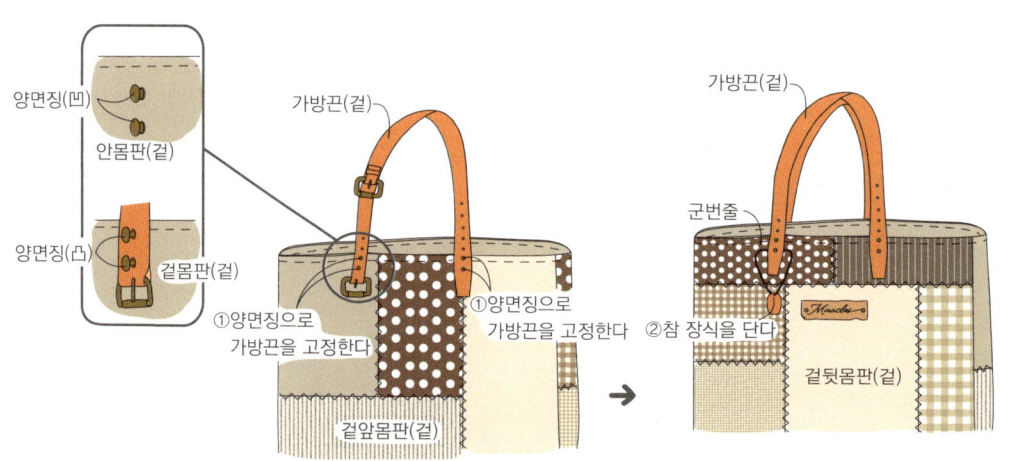

※뒷몸판도 같은 방법으로 가방끈을 단다

완성

No.24 링핸들 호보백

화보 p.60 / 실물크기 패턴 B면
자수 스티치(p.72): 2, 4, 14

완성사이즈
51cm×37cm

재료
겉·안몸판감 120cm×50cm
커버링심지 120cm×50cm
25번사 면자수실 적당량
지름22cm 링핸들 2개

만드는 방법
1 몸판을 만든다
2 겉몸판과 안몸판을 연결한다

재단배치도
※ 원단은 안쪽면을 기준으로 재단합니다
※ ○안의 숫자는 시접양입니다.
   숫자가 없는 곳은 1cm의 시접으로 재단합니다

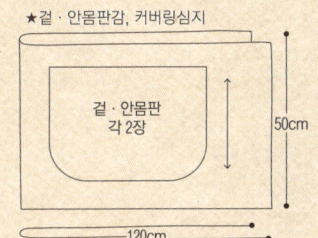

★ 겉·안몸판감, 커버링심지
겉·안몸판 각 2장
50cm
120cm

1 몸판을 만든다

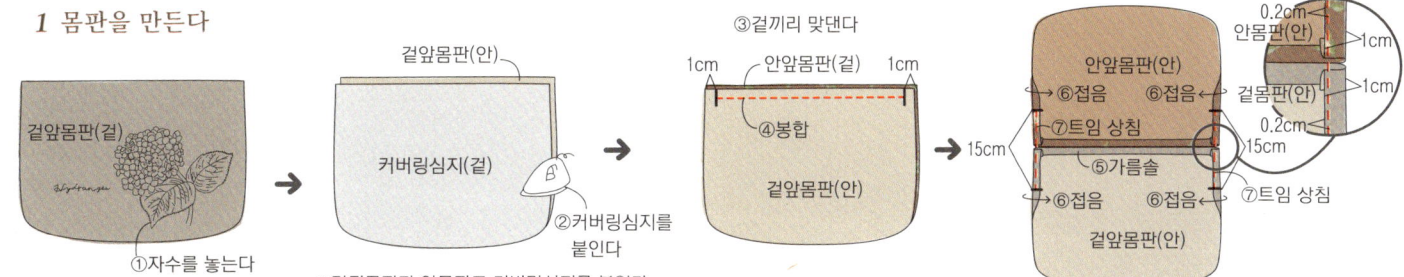

※사용한 자수실 번호 : 4145

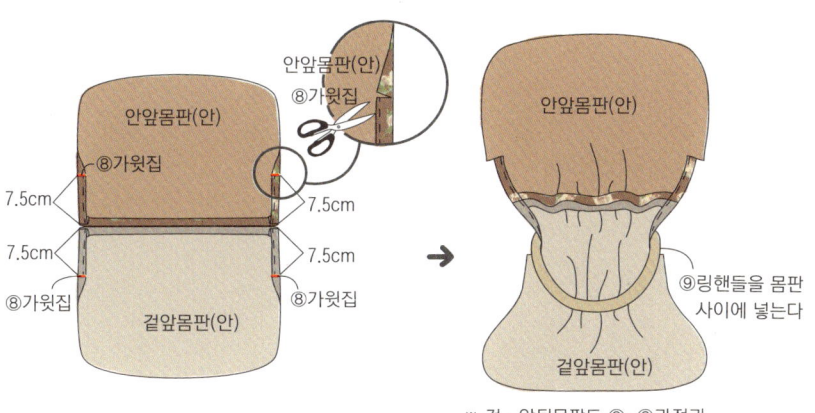

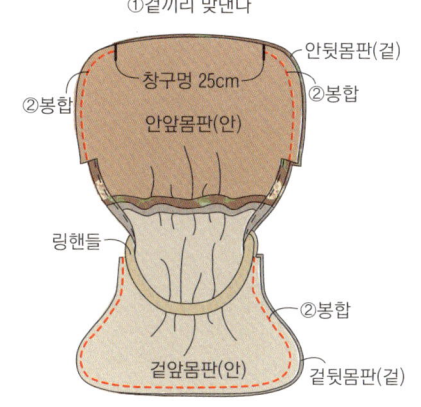

2 겉몸판과 안몸판을 연결한다

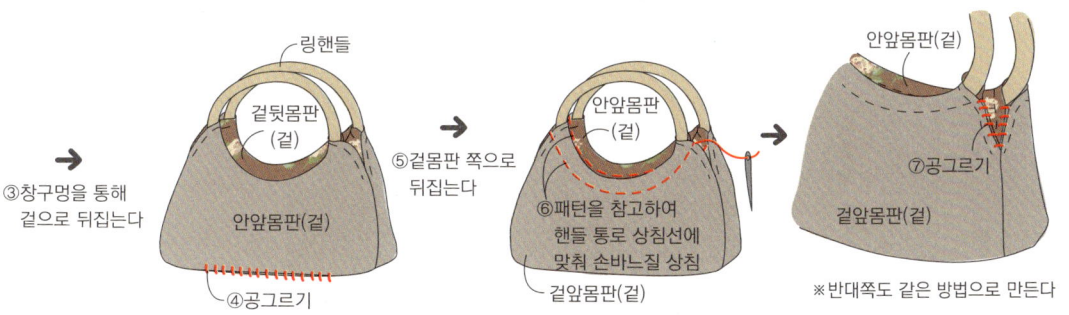

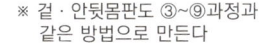

완성

No.25 아플리케 볼링백

화보 p.62 / 실물크기 패턴 B면
(주머니감은 직접 제도하여 사용합니다)
자수 스티치(p.72):1

완성사이즈
33cm×47.5cm×15cm

재료

겉몸판감 110cm×90cm	2cm폭 면테이프 2팩
안몸판감 110cm×135cm	30cm길이 지퍼 1개
소프트작심 110cm×90cm	100cm길이 지퍼 1개
소잉심지 110cm×90cm	2cm폭 가죽 라벨 1개
가죽패치감 60cm×15cm	1cm폭 가죽 라벨 2개
25번사 면자수실 적당량	지름0.6cm 양면징 6쌍
아플리케 원단 적당량	군번줄 1개
가방끈 2개	참 장식 1개
0.5cm폭 워셔블 매직테이프 1개	패브릭 본드풀 1개
파이핑 2팩	

만드는 방법

1. 겉몸판을 만든다
2. 안몸판을 만든다
3. 옆판을 만든다
4. 몸판에 가방끈을 단다
5. 몸판과 옆판을 연결한다

재단배치도

※ 원단은 안쪽면을 기준으로 재단합니다
※ ○안의 숫자는 시접양입니다. 숫자가 없는 곳은 1cm의 시접으로 재단합니다

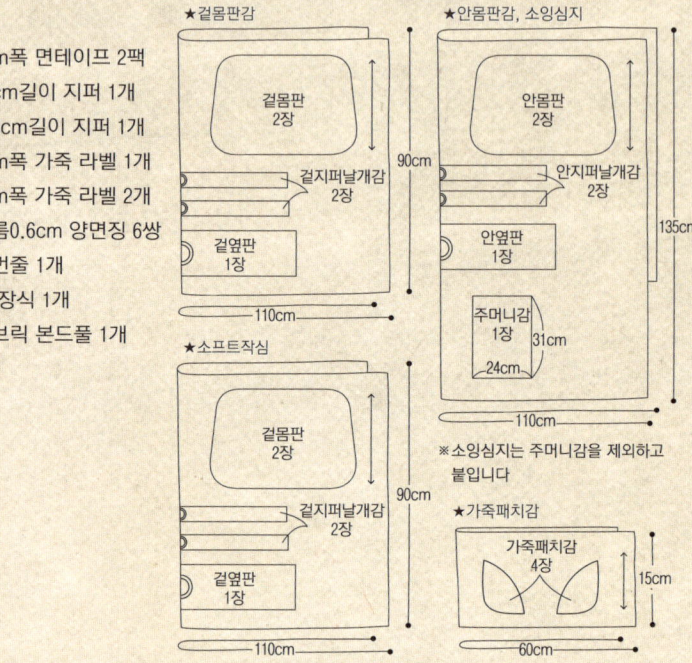

1 겉몸판을 만든다

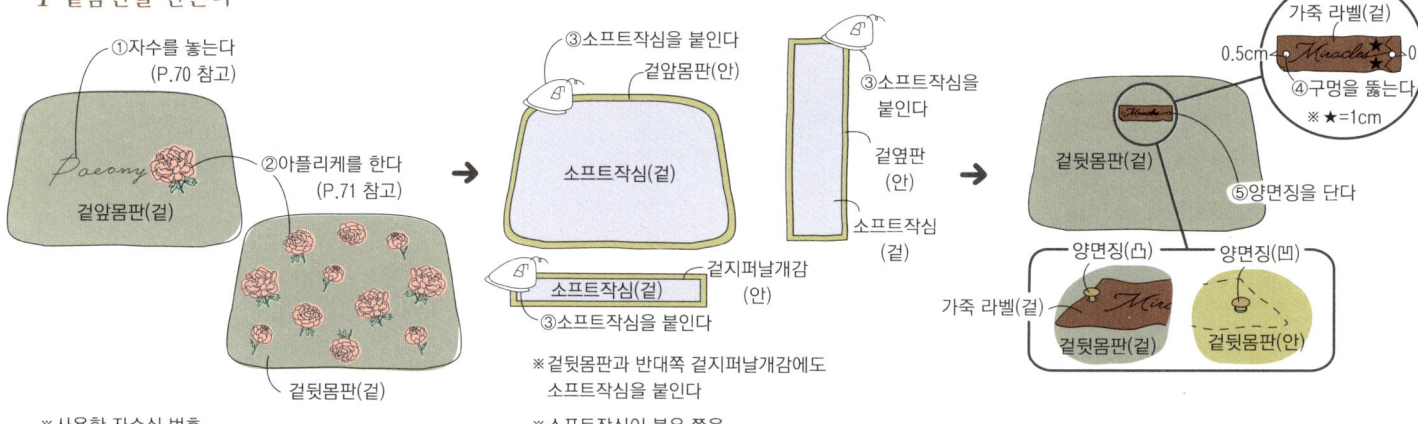

※ 사용한 자수실 번호 : 3031

2 안몸판을 만든다

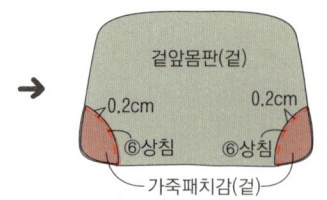

※ 겉뒷몸판도 같은 방법으로 만든다

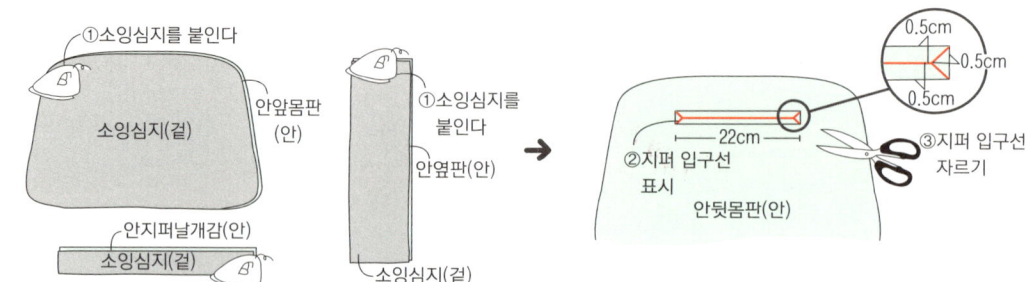

No.25 아플리케 볼링백

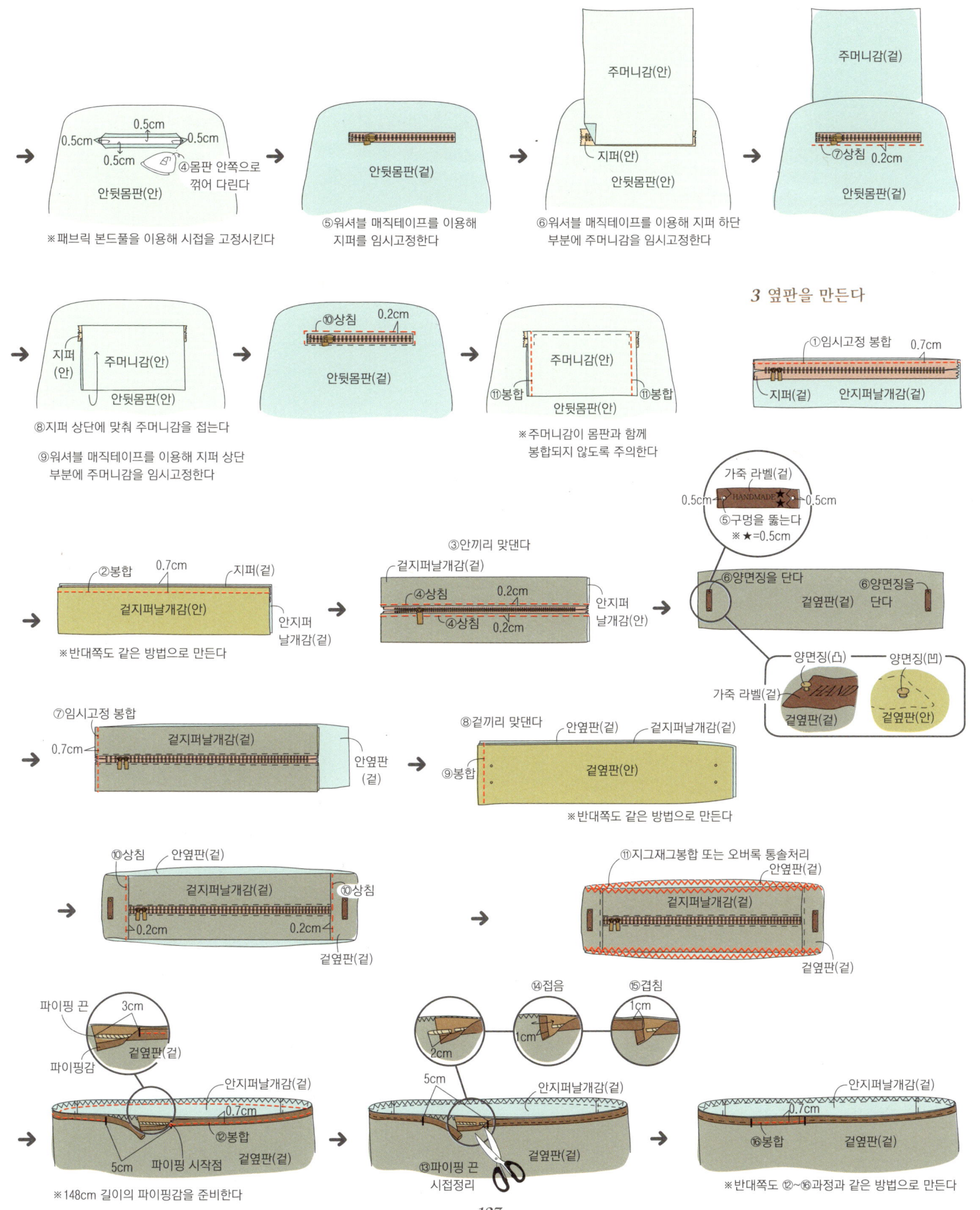

No.25 아플리케 볼링백

4 몸판에 가방끈을 단다

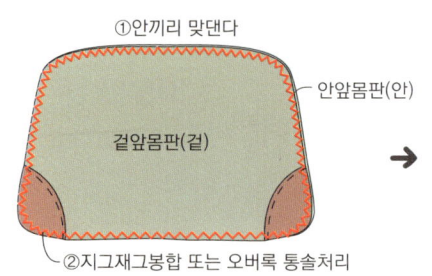

※겉뒷몸판도 ①~③과정과 같은 방법으로 만든다

5 몸판과 옆판을 연결한다

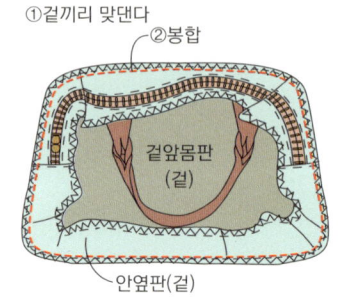

※겉뒷몸판도 같은 방법으로 만든다

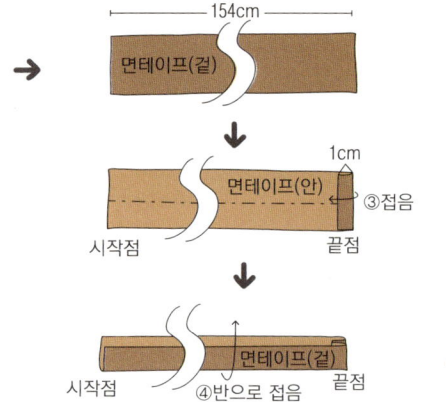
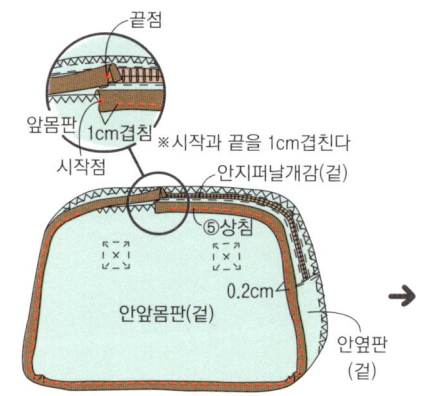
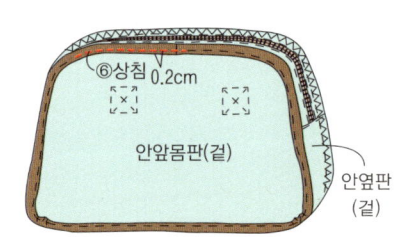

※겉뒷몸판도 ①~⑥과정과 같은 방법으로 만든다

완성

No.26 숄가디건

화보 p.64 / 실물크기 자수도안 D면
(직접 제도하여 사용합니다)
자수 스티치(p.72):1, 14

완성사이즈
136cm×152cm

재료
몸판감 140cm×155cm
25번사 면자수실 적당량
아플리케 원단 적당량

만드는 방법
1 몸판을 만든다
2 몸판의 가장자리 실을 푼다

재단배치도
※원단은 안쪽면을 기준으로 재단합니다
※몸판감은 시접 없이 재단합니다

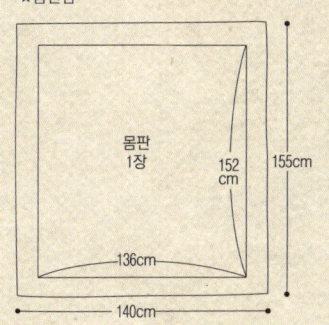

1 몸판을 만든다

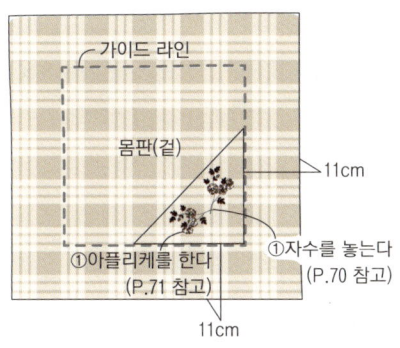

※사용한 자수실 번호
: 3031

2 몸판의 가장자리 실을 푼다

②가이드 라인에 맞춰 가장자리의 실을 한 올 씩 풀어준다

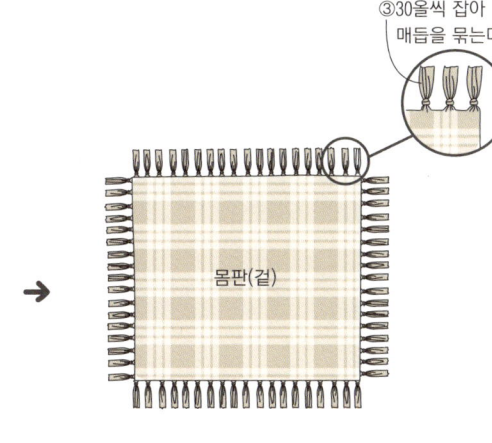

③30올씩 잡아 매듭을 묶는다

완성

SEWING HARUE 16

여우꼬리가 들려주는 행복한

자수 소품 이야기

초판 1쇄 인쇄 2017년 02월 09일
초판 1쇄 발행 2017년 02월 16일

발행인	정용효
저자	김은주
기획/제작	김미영, 이슬희
편집디자인	최지선
일러스트	이슬희, 현보경, 정다은
미싱자수 컨텐츠	라주희
미싱협찬	NCC미싱
패턴 트레이스	소잉컨텐츠
패턴 그레이딩	소잉컨텐츠
패턴편집	이슬희
사진	문찬위
인쇄	미래인쇄
등록번호	제 2016-000002호
등록일자	2016년 01월 26일
발행처	주)핸디스 소잉스토리
	광주광역시 북구 서암대로 133 (신안동), 3층
대표전화	062_513_8957
팩스	062_515_8827
문의전화	070_8893_9218
홈페이지	www.sewingstory.com

ISBN 979-11-88062-00-3 13590
판매가 15,000원

* 본 책은 저작권법에 따라 보호받는 저작물이므로 무단전재와 무단복제를 금지하며, 이 책 내용의 전부 또는 일부를 이용하려면 반드시 저작권자 주)핸디스의 서면 동의를 받아야 합니다.

* 잘못 인쇄된 책은 구입처에서 교환해 드립니다.

 소잉스토리는
소잉D.I.Y 취미실용서를 출간합니다.

이 도서의 국립중앙도서관 출판예정도서목록(CiP)은 서지정보유통지원시스템 홈페이지 (http://seoji.nl.go.kr)와 국가자료공동목록시스템(http://www.nl.go.kr/kolisnet)에서 이용하실 수 있습니다. (CiP제어번호:CIP2017002697)

미싱 그 이상의 NCC미싱
프리미엄 소잉 & 자수 겸용 미싱
CC-1871 " 올리비아 "

자수기능의 감성표현

생각을 표현하는 방식은 여러가지가 있습니다.
한 폭의 그림을 원단 위에 스케치하는 " 올리비아 "
상상만 하세요 현실이 됩니다.

- 800 SPM 자수속도
- 쉽고 간편한 자수모드 변경
- 175가지 내장 자수디자인
- 다양한 편집기능

소잉 기능의 혁신

더욱 향상된 속도와 힘, 작업 효율성, 그리고 정숙함을
겸비한 앞선 기능으로 무장한 소잉모드를 활용하여
상상을 구현하는 모든 과정에 " 올리비아 " 가 함께합니다.

- 1000 SPM 재봉속도
- 200가지 다양한스티치 문자패턴
- 9mm WIDE 땀 폭
- 소음방지 패드

NCC
Korea Sewing Leading Brand
대한민국 소잉 대표 브랜드

검색창에 NCC미싱 ▼ 을 쳐보세요.
문의전화 1644-5662
홈페이지 www.nccmising.com

의상소잉DIY 전문쇼핑몰
패션스타트

1 소잉생활이 더욱 즐거워지는 곳!

국내상품, 수입상품, 개발상품 등 내가 원하는 종류의 원단, 부자재, 패턴, 서적, 미싱 상품들이 가득!

2 쇼핑의 즐거움이 가득한 곳!

다양한 무료혜택과 수준높은 서비스, 알뜰 이벤트가 365일 진행되는 쇼핑몰!

3 만족, 행복, 신뢰, 가치, 즐거움!

대한민국을 대표하는 패션DIY 전문 쇼핑몰 패션스타트의 약속입니다.

 Fashion Start

의상전문 교육과정과 미싱교육, 소잉상품으로 전문화된 '패션스타트NCC' 전국 대리점에서도 만나보실 수 있습니다.

검색창에  패션스타트 ▼ 을 쳐보세요.   www.fashionstart.net   고객센터 1644-8957

베이비/ 아동/ 성인 의상 소잉 DIY 전문멀티샵
"패션스타트NCC 대리점"

세심하고 체계적인 단계별 교육과정을 통하여 의상소잉에 대한 자신감과 소잉실력, 더 나아가 내가 원하는 의상작품을 스스로 제작하며 소잉의 진정한 즐거움과 가치를 전하는 패션스타트NCC 대리점입니다.

 "의상 소잉상품"
다양한 종류와 스타일의 원단/ 부자재/ 패턴/ 서적 등

 **"초급-중급-고급 단계별 의상전문 교육과정"**
베이비, 아동, 성인아이템으로 구성된 체계적이고 전문화된 시스템

 **"미싱 교육"**
소잉의 즐거움을 전하는 고급 NCC미싱으로 진행

- 의상 소잉 DIY 전문 멀티숍 패션스타트NCC 전국 대리점 -

경인지역 김포 장기점 010-4170-7964, 평택 안중점 031-684-3489, 인천 청라점 032-563-3027, 수원 송죽점 031-207-0966

경상지역 구미 원호점 054-442-4001, 김해 장유점 070-8835-1019, 경주 황성점 054-776-5008

전라지역 광주 첨단점 062-973-6314, 광주 동천점 062-385-6055, 광주 금호점 062-651-3557, 전주 효자점 063-223-3609

패션스타트NCC 대리점에 관한 개설문의는 패션스타트(www.fashoinstart.net) 또는 NCC미싱(www.nccmising.com) 사이트를 통하여 하실 수 있습니다.

Fashion Start
Fashion Sewing DIY
패션스타트 NCC

심플소잉
빨간머리앤 시즌 4 원단
한국 독점 정식 라이선스

- 온라인 www.simplesewing.co.kr
- 오프라인 www.simplesewing.co.kr/offline/

본 이미지는 ⓒ NIPPON ANIMATION CO., LTD.와 (주)코하스아이디의 라이선스 계약에 따라 한국 내에서의 판매를 허락받은 제품에 대한 소개 이미지입니다. 제품, 캐릭터의 무단복제는 법적 제재를 받을 수 있습니다.

1. 앤의 화원
빨간머리앤과 다이애나의 배경에 수채화의 조형기법으로 접근하여 캐릭터의 향수를 불러일으킬 수 있도록 아트웍하였습니다.

2. 앤의 룩앤미
빨간머리앤과 다이애나를 스탬프 느낌의 빈티지하면서도 색다른 느낌의 표현으로 접근하고자 하였습니다. 추억 속의 애니메이션인 빨간머리앤과 스탬프 찍기 놀이의 공통 키워드인 '추억'을 주제로 아트웍하였습니다.

3. 앤의 트윙
빨간머리앤과 다이애나를 생동감 있는 배경과 병합하여 딱딱한 느낌을 벗어나 자연스러운 느낌으로 아트웍하였습니다.

4. 팝아트
빨간머리앤과 다이애나의 생동감 있는 표정을 팝아트적 요소를 가미하여 표현하였습니다. 기존 시즌에서 표현하지 못했던 파격적인 기법으로 앤디워홀의 팝아트 작품에서 영감을 얻어 예술적 시각으로 아트웍하였습니다.

심플소잉 NCC 매장에서도 빨간머리앤을 만나보세요!

- **서울지역**: 서울 방배점
- **경인지역**: 인천 센트럴파크점. 화성 동탄점. 분당 정자점. 용인 동백점. 용인 신봉점. 안양 평촌점. 부천 상동점. 수원 영통점. 수원 권선점. 평택 소벌사점
- **충청지역**: 천안 두정점. 청주 가경점. 청주 용암점. 충남 당진점. 충주 교현점. 대전 탄방점. 대전 노은점. 천안 신방점. 아산 배방점
- **경상지역**: 대구 죽전점. 부산 미남역점. 부산 정관점. 부산 화명점. 울산 남구점. 울산 화정점. 울산 성안점. 포항 북부점. 창원 남양점. 안동 북문점. 경주 노서점
- **전라지역**: 광주 충장점. 광주 수완점. 순천 장천점. 목포 하당점. 군산 지곡점
- **강원, 제주지역**: 제주시 제주점. 원주 중앙점

온라인 www.simplesewing.co.kr 고객센터 1644-5744 오프라인 www.simplesewing.co.kr/offline/

TALK @심플소잉 친구추가하기

Simple Sewing
Natural Sewing Life
심플소잉NCC

대구 범어점 / 부산 화명점

내 삶의 즐거움과 행복을 더해주는 심플소잉NCC 대리점

서울지역 서울 방배점 02-6339-2223

경인지역 인천 송도점 032-833-7730, 화성 동탄점 070-4190-3830, 분당 수내점 031-711-0015, 용인 동백점 070-8820-8922, 용인 신봉점 031-264-3769, 안양 평촌점 070-8683-8053, 부천 상동점 070-7641-0305, 수원 영통점 031-273-9411, 수원 권선점 070-4106-7793, 평택 소사벌점 031-651-7794, 일산 주엽점 031-906-6577

충청지역 천안 두정점 070-4078-9135, 청주 가경점 043-232-0306, 청주 용암점 043-900-3579, 충남 당진점 070-4104-9320, 충주 교현점 043-856-9910, 대전 탄방점 042-487-8265, 대전 노은점 070-7776-5337, 천안 신방점 041-579-7275, 아산 배방점 041-532-5476

경상지역 대구 범어점 053-201-0060, 부산 미남역점 051-741-3887, 부산 정관점 051-728-4159, 부산 화명점 051-365-1591, 울산 남구점 052-271-1188, 울산 화정점 052-234-2194, 울산 성안점 052-248-8671, 포항 북부점 054-615-4004, 창원 남양점 055-263-5662, 안동 북문점 054-852-5662, 경주 노서점 054-771-6349

전라지역 광주 충장점 062-225-5662, 광주 수완점 062-653-2335, 순천 장천점 061-900-9965, 목포 하당점 061-287-8155, 군산 지곡점 063-468-6338

강원, 제주지역 제주시 제주점 064-733-5151, 원주 중앙점 033-742-9884

누구나 생각하던 일반적인 '공방'이 아닙니다.

소잉에 필요한 원단, 부재료, 패턴, 서적의 다양하고 풍성한 상품구성 공간!

그동안 눈으로만 봤었던 "재봉틀(미싱)"을 샵에서 직접 만져보고 체험 할 수 있는 공간!

본사의 체계적인 관리와 교육을 마스터한 전문강사와 다양한 과정의 수준높은 소잉교육 공간!

눈으로 보고, 손으로 만져보고, 몸으로 체험하는 국내최초 신개념 소잉 복합공간, 소잉DIY 전문 멀티샵! 입니다.

심플소잉NCC 대리점은 소잉을 통한 즐거움과 행복으로 더욱 풍성해지고 가치있는 삶을 전해드립니다.

상담 및 문의 1644-5662
웹페이지 www.nccmising.com

PATTERN iN은 다릅니다.

PATTERN IN은 패턴 전문 브랜드로 DIY를 사랑하는 모든 분들이 쉽게 배우고, 사용할 수 있도록 초보자의 눈으로 개발합니다.

{ PATTERN IN의 패턴은 의상을 전공한 디자이너들이 디자인부터 완성까지 모든 과정을 직접 제작하여 믿을 수 있습니다. }

상세한
사진제작 설명서와
모바일 웹 설명서로
쉽게!

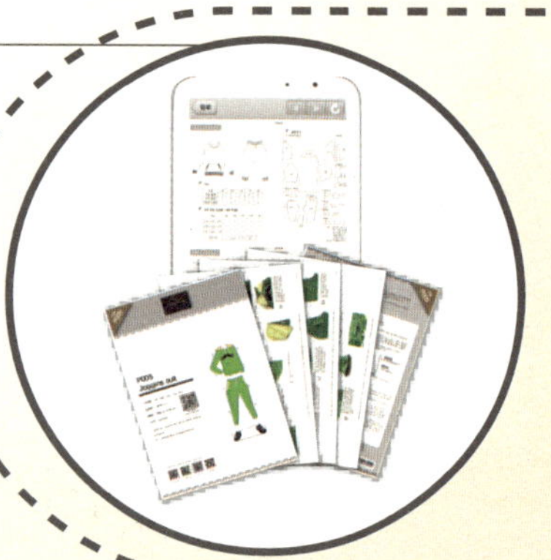

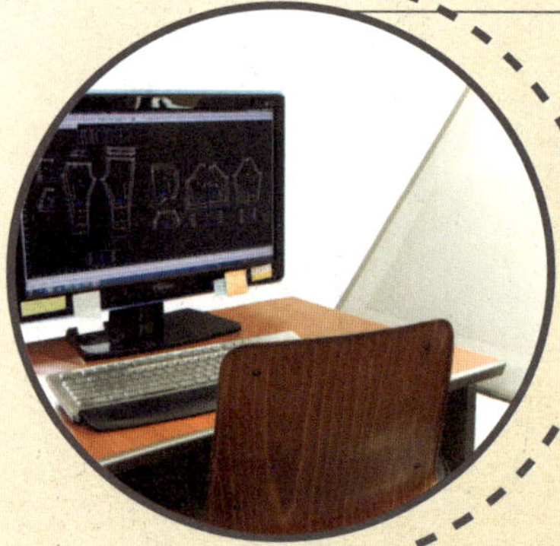

의상 전문 캐드를 사용한
패턴과 그레이딩으로
고급스럽게!

겹쳐지지 않은 패턴과
사이즈별 칼라선으로
확실하게!

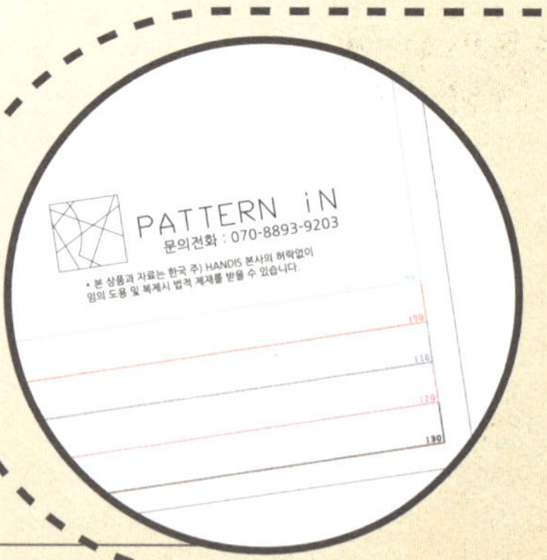

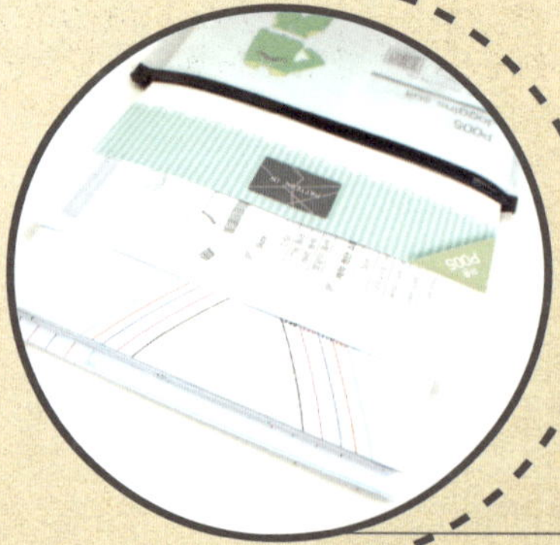

패턴인 전용
지퍼백 케이스로
깔끔하게!

PATTERN IN 의 패턴은 실물 패턴과 사진 제작 설명서가 지퍼백 케이스에 담겨 고객님께 배송 됩니다. 지금 바로 만나보세요!

Creative Happy Life
QUILT STAR

Quilt Star Shopping mall
www.quiltstar.co.kr
문의전화.1644-8755

퀼트스타

퀼트미싱판매	미국, 일본 퀼트원단판매	빨강머리앤원단판매	퀼트, 자수부자재	퀼트, 자수패키지
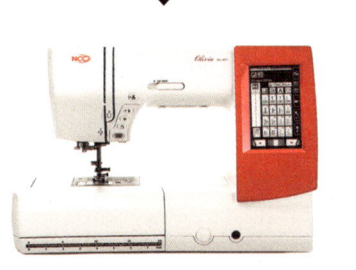				

자수플러스

국내 최초 감성 자수패턴 전문몰

당신의 작품에서 깊이가 느껴집니다.
손으로 그린듯한 핸드드로잉, 고급스러운 모노그램,
소담소담 야생화 자수 일상에 화사함을 더해보세요.

주요 자수미싱 브랜드 파일 지원
NCC, JANOME사의 [JEF]
Pfaff [VIP], [VP3]
Tajima [DST]
Viking Husqvarna [HUS]
Babylock, Bernina, Brother [PES]
Viking Designer [SHV]

세상에 단 하나뿐인, 나만의 자수파일 제작
자수패턴 제작서비스

유치원 이름표, 주차쿠션, 돌 기념품,
활용목적에 맞게 베이직 디자인

작품에 품격을 높여주는 아름다운
자수디자인 매주 신상 업데이트

NCC미싱과 함께하면 다양한 혜택과
자수관련 정보를 제공해드립니다.

자수플러스
www.jasuplus.com 070-8893-9230

NCC미싱
www.nccmising.com 1544-5662

미싱 자수용 심지의 모든것! :)

All about Sewing Machine Embroidery Stabilizer 4

미싱 자수 작업시, 원단의 보강 및 안정제 역할을 해주는 자수심지.
원단이 우글거리는 시임퍼커링(SeamPuckering) 현상을 없애 주어 원활한 작업과
더욱 깔끔하고 퀄리티 높은 자수작업을 가능케 해주는 다양한 미싱 자수용 심지에 대해 알아보자!

01

가장 기본적으로 많이 사용되는, 티어어웨이 자수심지
TEAR-AWAY

자수가 완성되면 손으로 뜯어내는 방식의 심지로 일반적인 원단, 얇고 힘없는 원단, 폭이 넓은 원단 등에 사용하기 적합합니다. 한쪽면에 접착제가 도포되어 있어서 다림질로 원단에 간단히 부착하여 보다 더 편리하게 작업할 수 있습니다. 원단이 너무 얇을 경우 2~3장 겹쳐서 부착해도 좋고, 경우에 따라 특수원단 및 원단에 힘을 받쳐 자수를 놓아야 하는 경우 원단 겉쪽에 토핑용(Topping)으로 부착해서 사용하기도 합니다. 자수 작업후 심지를 제거할 때 수놓은 부분이 손상되지 않도록 조심히 뜯어내야 합니다.

약 폭53cm X 길이25yds(2250cm)

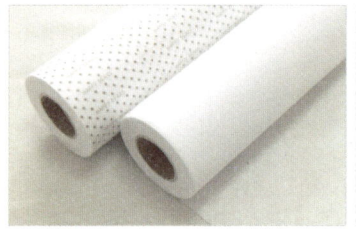

02

좀 더 안정감있게 작업해야 할 때는, 컷어웨이 자수심지
CUT-AWAY

컷어웨이 자수심지는 이름 그대로 자수가 끝난 뒤에 자수작품 주변으로 약간 여유를 두고 가위로 잘라내는 방식의 심지로 니트류나 다이마루, 린넨과 같이 잘 늘어나는 원단에 사용하기 적합합니다. 일반적으로 원단 뒷쪽에 배킹용(Backing)용으로 덧대서 작업합니다. 세탁 후에도 그대로 남아 있어서 자수작품이 줄거나 형태가 변형되는 것을 막아줍니다. 힘이 있기 때문에 와팬을 만들 때도 많이 사용되는 심지입니다.

약 폭33cm X 1yd(90cm)

03

물에 녹아서 예쁜 자수만 남는, 워셔블(수용성) 자수심지
WASHABLE

부직포 방식의 워셔블(수용성) 심지로, 레이스, 무브먼트 등의 작업시 주로 사용합니다. 자수용 보일 등의 원단 위에 올려놓고 작업하거나 워셔블심지 자체에 자수를 놓은 다음, 완성후에 미지근한 물에 자수작품을 담가주면, 심지는 녹고 자수작품만 말끔하게 남습니다.(이때, 너무 뜨거운 물에 담그면 수축현상이 발생하여 작업물에 변형이 일어날 수 있으므로 주의하고, 물에 담그지 않고 미지근한 물을 스프레이에 담아 뿌려가며 없애거나 스펀지에 물을 묻혀 작업물에 콕콕 찍어 없애도 좋습니다.) 다이마루, 니트류, 타월 등의 요철있는 원단 작업시 보풀 방지를 위해 겉쪽에 토핑용(Topping)으로 사용하기도 합니다.

약 폭86cm X 길이160cm

04

고급스럽고 다양한 자수작업이 가능! 그레이스 자수용 보일
GRACE EMBROIDERY VOILE

살랑살랑 하늘하늘한 원단이지만 우습게 보면 안돼요. 미싱자수 작업시 자수용 보일을 함께 사용하면 자수실이 풀리지 않고, 힘과 안정감을 주는 보강심지 역할을 합니다. 워셔블 심지만 단독 사용하는 것보다 완성도가 높고 안정감 있으며, 보일을 여러겹 겹쳐서 사용하면 더욱 힘있게 완성됩니다. 그 외에도 자수 오너먼트, 컷워크자수, 3D입체 자수 등 자수용 보일 하나로 더욱 더 다양하고 고급스러운 자수 표현이 가능합니다. 밑실은 윗실과 동일한 색상의 실사용을 권장합니다. (수용성 자수작업 시, 앞뒤가 동일하게 나오는 것이 좋기 때문!)

약 폭28cm X 길이10yds(900cm)

더 자세한 상품정보는 QR코드를 확인해보세요.

<상품구매처> 심플소잉/ 심플소잉 NCC 대리점/ 패션스타트/ 패션스타트 NCC 대리점/ 퀼트스타/ 그외 온·오프라인

소잉하는 사람의 마음과 손으로 짓는 책, 소잉 하루에입니다

Sewing Harue

Sewing Harue vol.08

처음하는
인테리어 바느질

39작품 수록 / 136쪽 / 정가 12,000원 / 실물크기 패턴 1매(2면) 25종 수록

간단하게 만들어 인테리어 효과를 줄 수 있는 여러 가지 아이템이 수록되어 있습니다. 소잉이 낯선 초보 소어들도 쉽게 제작할 수 있도록 실물크기 패턴과 함께 하루에 소잉 팁과 퀼트, 자수 등 다양한 소잉 기법을 책 속에 담았습니다.

Sewing Harue vol.09

옷 만들기의 정석
핸드메이드 남성복

22작품 수록 / 106쪽 / 정가 12,000원 / 실물크기 패턴 2매(4면) 21종 수록

남성을 위한 기본 티셔츠부터 재킷은 물론 점퍼, 팬티, 부토니에 등 남성복의 모든 것을 한 권에! 뿐만 아니라 스타일링에 도움이 될 코디컷들도 함께 담았습니다. 책 속 아이템들은 S · M · L · XL 4가지 사이즈의 실물크기 패턴으로 수록했습니다.

Sewing Harue vol.10

매일매일이 행복한
아기옷 바느질 (개정판)

48작품 수록 / 152쪽 / 정가 12,800원 / 실물크기 패턴 1매(2면) 47종 수록

신생아부터 24개월까지의 우리 아이에게 유용한 아이템을 소개합니다. 실물크기 패턴, 하루에 소잉팁, 기초 부재료 소개와 함께 하루에 팁으로 육아에 유용한 정보가 될 아기 마사지법, 아빠 육아법, 엄마표 놀이를 수록했습니다.

Sewing Harue vol.11

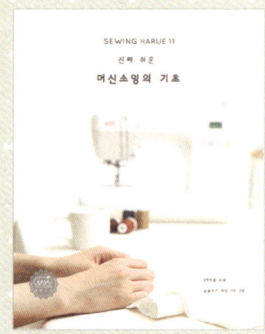

진짜 쉬운
머신소잉의 기초

29작품 수록 / 107쪽 / 정가 12,000원 / 실물크기 패턴 1매(2면) 18종 수록

소잉이 익숙하지 않은 초보 소어들을 위한 아이템들을 기초 / 초급 / 중급 / 스페셜의 총 4가지 테마로 소개하고 있습니다. 실물크기 패턴, 소잉 팁, 기초 부재료 소개와 함께 All color 일러스트 제작 설명서까지! 하루에 11과 함께 소잉의 매력에 빠져 보세요.

Sewing Harue vol.12

내 손으로 만드는
사랑스러운 우리아이 한복 (신개정판)

21작품 수록 / 102쪽 / 정가 14,000원 / 실물크기 패턴 2매(4면) 21종 수록

우리 아이를 위한 사랑스럽고 다양한 한복을 소개합니다. 전통 한복 / 생활 한복 / 장신구의 3가지 주제로 총 21작품이 수록되어 있으며, 친절하고 자세한 All color 일러스트 제작 설명서로 쉽게 만들 수 있습니다. 엄마의 정성을 담은 한복을 아이에게 선물해 주세요.

Sewing Harue vol.13

오버룩 미싱으로 만드는
핸드메이드 아이옷

28작품 수록 / 102쪽 / 정가 14,000원 / 실물크기 패턴 2매(4면) 28종 수록

오버룩 미싱으로 간단하게 만드는 아이옷을 소개합니다. 일상복 / 외출복 / 홈웨어&언더웨어의 총 3가지 테마로 24가지의 다양한 아이템이 수록되어 있습니다. 아이를 위한 귀여운 액세서리 만드는 법이 담긴 하루에 팁긴 하루에 팁도 놓치지 마세요.

Sewing Harue vol.14

마리앤느의
핸드메이드 에이프런

37작품 수록 / 156쪽 / 정가 15,400원 / 실물크기 패턴 2매(4면) 35종 수록

직접 만들 수 있는 다양한 에이프런을 소개 합니다. 기본 스타일 에이프런 / 옷처럼 입을 수 있는 에이프런 / Special(남성&아동) / 주방 소품의 총 4가지 테마로 다양하고 실용성 높은 아이템들을 담았습니다. 나만의 핸드메이드 에이프런을 만나보세요.

Sewing Harue vol.15

그녀들이 만드는
행복한 홈인테리어

36작품 수록 / 134쪽 / 정가 15,000원 / 실물크기 패턴 2매(4면) 27종 수록

홈인테리어 소품들을 소개합니다. 거실 / 침실 / 아이방 / 주방의 4가지 테마로 총 36가지의 아이템들이 수록되어 있으며, All Color 일러스트 제작 설명서를 수록하여 쉽게 작품을 만들 수 있습니다. 직접 만든 소품들로 집안 곳곳을 꾸며 보세요.

 소잉스토리는 소잉 D.I.Y 취미실용서를 출간합니다. www.sewingstory.com

※ 각 서적에는 All Color 사진설명서/ 일러스트 제작설명서가 들어있어 초보자들도 쉽게 따라 만들 수 있습니다. 각 사이즈별로 그레이딩된 패턴도 함께 들어있습니다.

위 서적들은 패션 스타트 (www.fashionstart.net), 심플소잉(www.simplesewing.co.kr), 퀼트스타 (www.quiltstar.co.kr) 및 온/오프라인 서점에서 구입하실 수 있습니다.